◑ 실습 파일 받아보기

– 예제 소스는 아티오(www.atio.co.kr) 홈페이지의 [IT/기술 도서]-[자료실]에서 다운받으시면 됩니다.

 IT 실전 워크북 시리즈는 학습하시는 분들이 좀 더 쾌적한 환경에서
손쉽게 배울 수 있도록 체계적인 기획 하에 다음과 같은 특징을 가지고 만든 책입니다.

❶ 따라하기 형태의 내용 구성

각 기능들을 쉬운 단계부터 시작하여 실습 형태로 따라하면서 자연스럽게 익혀 실무에
활용할 수 있도록 하였습니다.

❷ 풍부하고도 다양한 예제 제공

실무에서 실제로 사용하는 예제 위주 편성으로 인해 학습을 하는데 친밀감이 들도록 하여 학
습 효율을 강화시켰습니다.

❸ 베테랑 강사들의 노하우 제공

일선에서 다년간 경험을 쌓으면서 수첩 등에 꼼꼼히 적어놓았던 보물 같은 내용들을 [Tip],
[Power Upgrade] 등의 코너를 만들어 배치시켜 놓아 효율을 극대화 시켰습니다.

❹ 대형 판형에 의한 시원한 편집

A4 사이즈에 맞춘 큰 판형으로 디자인하여 보기에도 시원하고 쾌적하게 학습할 수 있도록
하였습니다.

❺ 스스로 풀어보는 다양한 실전 예제 수록

각 단원이 끝날 때마다 배운 내용을 실습하면서 완벽히 익힐 수 있도록 난이도별로 다양한
실습 문제를 제시하여 복습할 수 있도록 하였습니다.

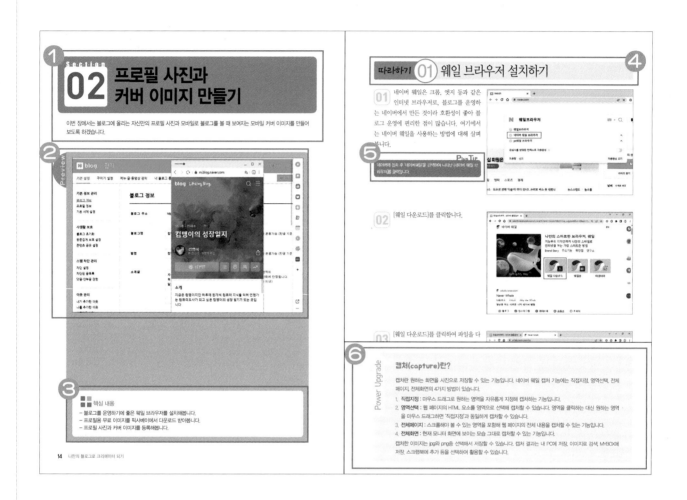

1 섹션 설명

해당 단원에서 배울 내용에 대한 전체적인 개념을 설명함으로써 단원에 대한 이해도를 증진시키도록 합니다.

2 Preview

해당 단원에서 만들어볼 결과물을 미리 보여줌으로써 실습하는데 따르는 전체적인 틀을 이해할 수 있도록
하여 학습 효율을 극대화시켜 줍니다.

3 핵심 내용

해당 단원에서 배울 내용들에 대한 차례를 기록하여 흐름을 파악할 수 있습니다.

4 따라하기

본문 내용을 하나씩 따라해 가면서 실습하다 보면 자연스럽게 관련 기능을 이해할 수 있도록 구성하여
누구나 쉽게 블로그를 만들 수 있도록 하였습니다.

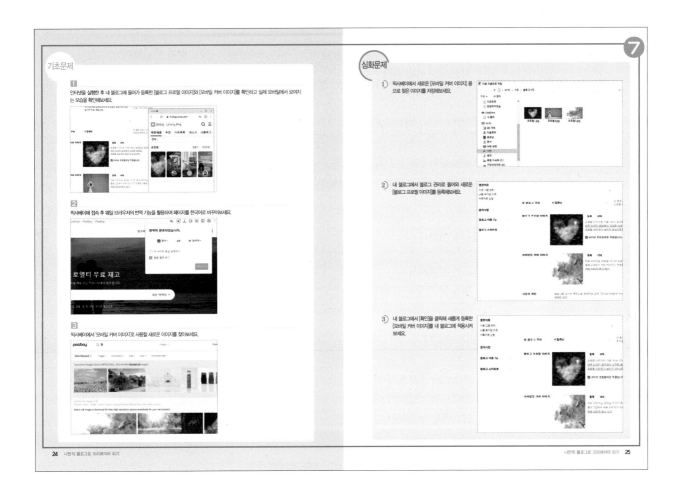

❺ Plus Tip

저자만이 가지고 있는 다양한 노하우 및 좀 더 편리하게 접근하기 위한 정보들을 제공합니다.

❻ Power Upgrade

난이도가 높아 본문의 실습에서 다루지는 않았지만 익혀놓으면 나중에 실무에서 도움이 될 것 같은
내용들을 별도로 구성해 놓았습니다.

❼ 기초문제, 심화문제

본문에서 배운 내용을 다양한 예제를 통하여 실습하면서 확실하게 익힐 수 있도록 난이도별로 나누어
실습 문제를 담았습니다.

C•O•N•T•E•N•T•S

01 블로그 기본정보 설정하기

블로그는 웹(Web)과 로그(Log)의 합성어로, Web은 인터넷 Log는 일지를 말합니다. 블로그는 나만의 경험과 지식, 일상을 글로 기록하면서 동일한 관심사를 가진 사람들과 소통할 수 있는 서비스입니다. 블로그 서비스를 제공하는 포털 사이트 중 가장 많은 사람들이 접속하는 네이버에서 블로그를 만들고 운영하는 방법을 알아보겠습니다.

Preview

N blog 관리						내 블로그 이웃블로그
기본 설정	꾸미기 설정	메뉴·글·동영상 관리	내 블로그 통계	전체보기 ∨		블로그 마켓 가입

기본 정보 관리
블로그 정보
프로필 정보
기본 서체 설정

사생활 보호
블로그 초기화
방문집계 보호 설정
콘텐츠 공유 설정

스팸 차단 관리
차단 설정
차단된 글목록
댓글·안부글 권한

이웃 관리
내가 추가한 이웃
나를 추가한 이웃

블로그 정보

블로그 주소	https://blog.naver.com/otaju	
블로그명	컴맹이의 성장일지	한글, 영문, 숫자 혼용가능 (한글 기준 25자 이내
별명	컴맹이	한글, 영문, 숫자 혼용가능 (한글 기준 10자 이내
소개글	지금은 컴맹이지만 하루에 한개씩 컴퓨터 지식을 익혀 언젠가는 컴퓨터도사가 되고 싶은 컴맹이의 성장일기가 있는 곳입니다	블로그 프로필 영역의 프로필 이미지 아래에 반영됩니다. (한글 기준 200자 이내)

핵심 내용

– 블로그가 무엇인지 알아보고 화면구성을 알아봅니다.
– 블로그의 기본 정보를 설정해봅니다.
– CCL이 무엇인지 알아보고 설정해봅니다.

① 타이틀
블로그명이 들어가는 곳으로, 블로그를 방문하는 사람들 눈에 가장 먼저 들어오는 블로그의 간판 같은 곳입니다.

② 네이버 메뉴
블로그의 가장 상단에 위치하여 블로그 관리와 로그인 정보, 블로그홈 등으로 구성되어 있습니다.

③ 블로그 메뉴
프롤로그와 상단 메뉴, 지도, 서재, 메모, 태그, 안부로 구성되어 있습니다.

④ 상단 메뉴
블로그에 작성된 글을 목록별로 정리한 카테고리를 모아놓은 곳입니다.

⑤ 프로필 영역
블로그 운영자와 블로그를 소개하는 영역입니다.

⑥ 글쓰기, 관리 통계
글쓰기와 관리, 통계 등을 할 수 있는 영역입니다.

⑦ 카테고리 영역
블로그의 글 목록이 모여있는 영역입니다.

⑧ 글쓰기 영역
블로그에 글을 쓸 수 있는 영역입니다.

01 네이버에 로그인 후 [블로그]를 클릭합니다.

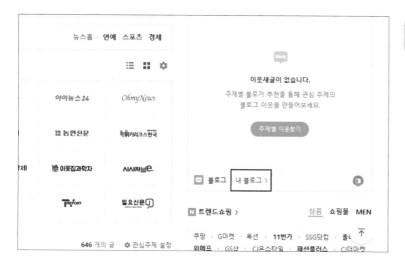

02 [내블로그]를 클릭합니다.

03 네이버 메뉴에서 [내메뉴]-[관리]를 클릭합니다.

따라하기 03 기본 정보 관리 설정

01 [기본설정]-[기본 정보 관리]-[블로그 정보]를 클릭하여 블로그명, 별명, 소개글을 작성합니다.

PlusTip

블로그명은 내 블로그를 대표하는 문패 같은 것이므로, 검색에 잘 노출되려면 너무 흔하지 않은 이름으로 지어 주는 것이 좋습니다. 별명은 글 작성 시에는 노출되지 않고 댓글 작성 시에만 노출됩니다. 별명을 설정하지 않은 경우 댓글을 등록하면 내 아이디가 노출됩니다. 소개글은 블로그 프로필 영역에 노출이 됩니다.

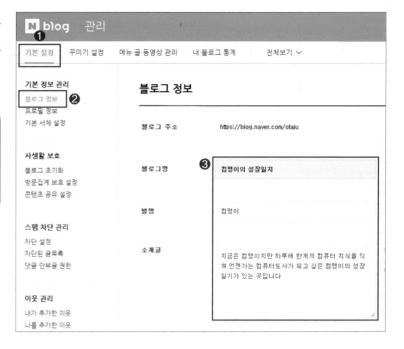

02 [내 블로그 주제]에는 앞으로 블로그 운영을 하면서 주로 다루고자 하는 주제를 선택해 준 후 [확인]을 클릭합니다.

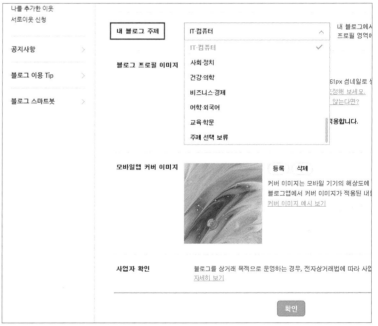

03 [프로필 정보]를 눌러 이름과 성별을 설정한 후 공개, 비공개 여부를 정하고 [확인]을 클릭합니다.

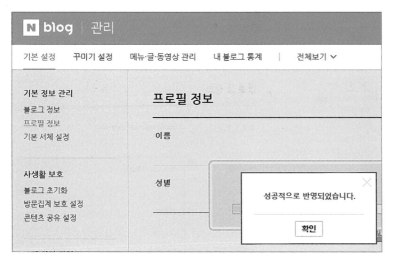

04 '성공적으로 반영되었습니다' 라는 메시지 창이 나타나면 [확인]을 클릭합니다.

05 [기본 서체 설정]에서 원하는 서체와 정렬 방식을 선택한 후 [확인]을 클릭합니다.

01 [사생활 보호]-[콘텐츠 공유 설정]에서 [CCL 설정]과 [자동 출처 사용 설정]을 '사용'으로 설정합니다. [저작물을 영리 목적으로 허용], [저작물의 변경 또는 2차 저작]을 원하는 방식으로 설정한 후 [확인]을 클릭합니다.

PLusTIP

CCL(Creative Commons License) :
저작자가 작성한 저작물의 이용방법 및 조건을 표기하는 표준 약관이자 저작물 이용 허락 표시로, 내가 쓴 글을 타인이 인용하고자 할 때 허락 범위나 조건을 지정합니다.

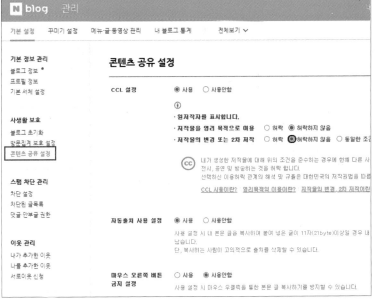

02 '컨텐츠 보호 설정이 성공적으로 처리 되었습니다' 라는 메시지 창이 나타나면 [확인]을 클릭합니다.

PLusTIP

CCL 종류 :
CCL은 비영리, 변경 금지, 동일 조건 변경 허락의 3가지 항목을 설정할 수 있습니다. 관리 메뉴에서 설정할 수도 있고, 글을 발행할 때 설정할 수도 있습니다.

ⓘ 저작자표시　ⓢ 비영리　＝ 변경금지　ⓞ 동일조건변경허락

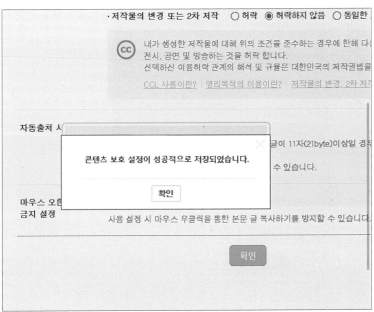

03 위젯을 설정해보라는 메시지 창이 나타나면 [위젯 설정하기 가기]를 클릭합니다.

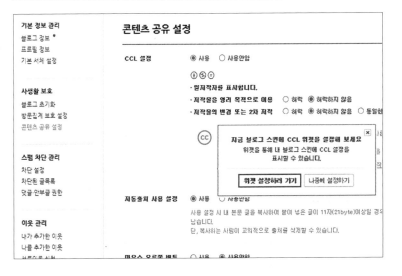

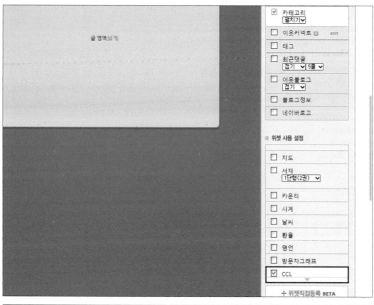

04 [위젯 사용 설정]에서 [CCL]을 체크박스에 클릭해 선택해 줍니다.

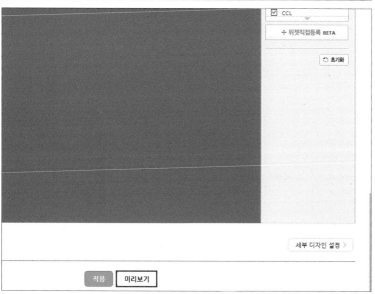

05 [미리보기]를 클릭합니다.

06 미리보기 화면을 확인합니다.

07 '레이아웃을 블로그에 적용하시겠습니까? 라는 메시지 창이 나타나면 [확인]을 클릭하여 CCL을 블로그에 적용합니다.

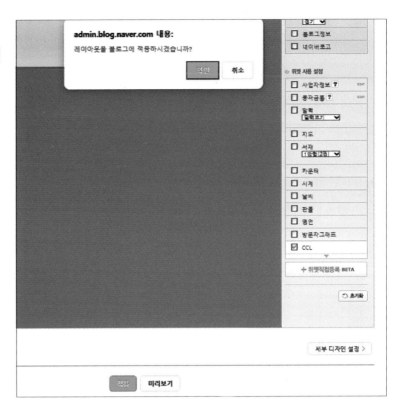

08 기본 설정과 CCL이 블로그에 적용되었습니다.

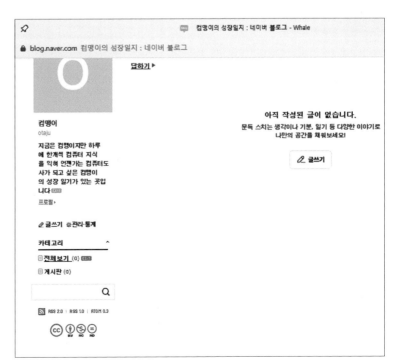

이번 장에서는 블로그에 올리는 자신만의 프로필 사진과 모바일로 블로그를 볼 때 보여지는 모바일 커버 이미지를 만들어 보도록 하겠습니다.

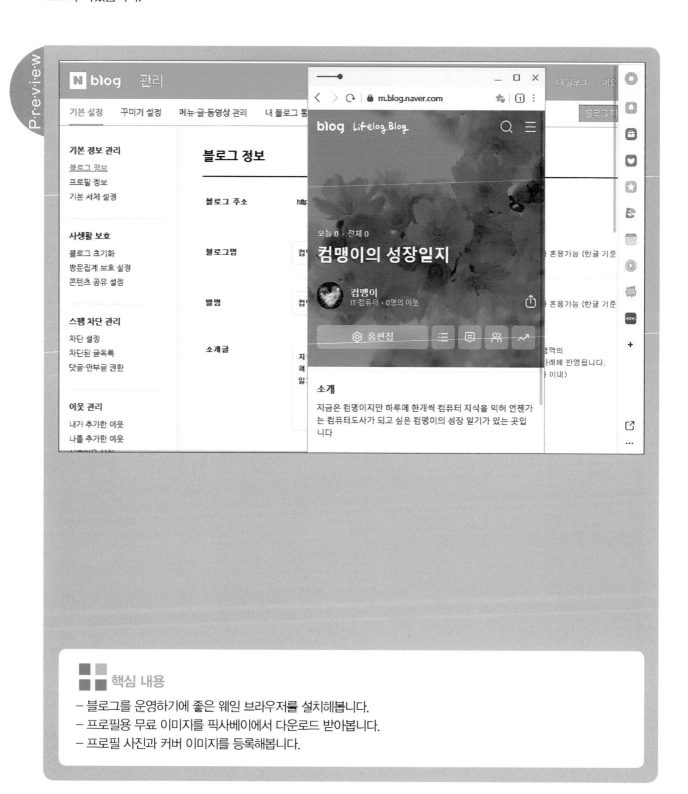

핵심 내용

– 블로그를 운영하기에 좋은 웨일 브라우저를 설치해봅니다.
– 프로필용 무료 이미지를 픽사베이에서 다운로드 받아봅니다.
– 프로필 사진과 커버 이미지를 등록해봅니다.

01 네이버 웨일은 크롬, 엣지 등과 같은 인터넷 브라우저로, 블로그를 운영하는 네이버에서 만든 것이라 호환성이 좋아 블로그 운영에 편리한 점이 많습니다. 여기에서는 네이버 웨일을 사용하는 방법에 대해 살펴봅니다.

PlusTip

네이버에 접속 후 '네이버웨일'을 검색하여 나타난 [네이버 웨일 브라우저]를 클릭합니다.

02 [웨일 다운로드]를 클릭합니다.

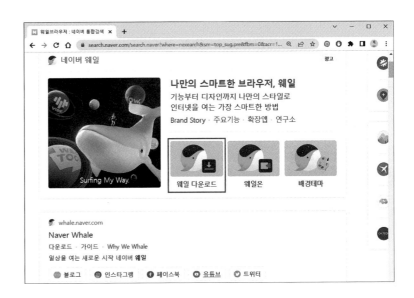

03 [웨일 다운로드]를 클릭하여 파일을 다운받은 후 설치를 시작합니다.

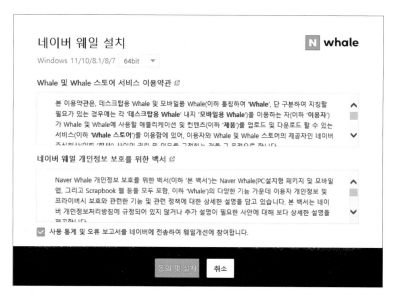

04 네이버 웨일 설치 이용약관을 읽어보고 [동의 및 설치]를 클릭합니다.

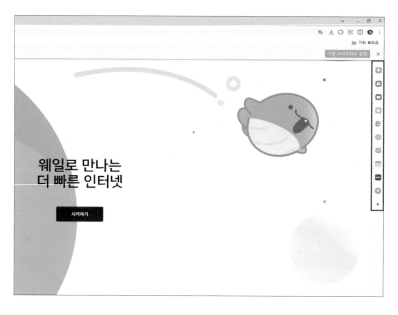

05 웨일 브라우저가 설치되면 오른쪽에 사이드 바가 나타납니다.

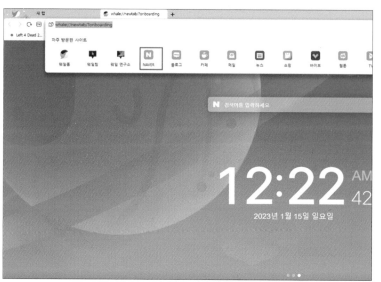

06 주소 표시줄을 클릭하면 '자주 방문한 사이트'가 나타나고 여기서 [네이버]를 클릭합니다.

따라하기 02 프로필용 무료 이미지 다운로드 받기

01 직접 촬영한 사진을 올려도 되지만 여기에서는 무료 이미지를 이용하기로 합니다. 네이버에서 무료 이미지를 다운로드 받을 수 있는 사이트인 '픽사베이'를 검색하여 클릭해서 접속합니다.

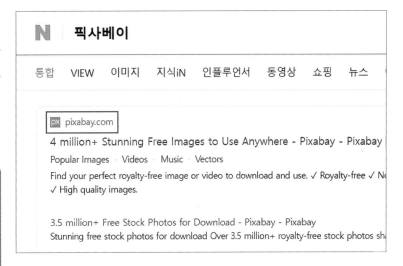

Plus**T**ip

pixabay.com은 무료 사진, 일러스트레이션, 벡터 그래픽 및 음악, 동영상을 공유해주는 국제 웹사이트로 다국어 지원을 하고 있습니다. 그러나 일부 이미지는 상업용으로 사용할 경우 유료 결제를 해야 하거나, 비상업용으로 사용할 경우도 출처를 밝힐 것을 요구하는 경우도 있어 **다운로드 받기 전에 해당 이미지의 저작권 정보를 꼭 확인하세요.** 그리고 현재는 무료지만 나중에 유료로 변경될 수도 있기 때문에 중요한 이미지인 경우 근거를 캡처하여 저장하는 것을 추천합니다.

02 접속 후 웨일 브라우저 상단의 [번역] 📑 을 클릭해 페이지 전체를 한국어로 번역합니다.

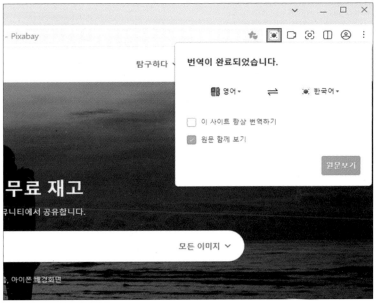

Plus**T**ip

웨일 브라우저를 이용하면 다른 나라 언어로 된 사이트를 쉽게 한국어로 변경하여 볼 수 있습니다.

03 검색어에 '배경'을 입력하고 Enter 를 눌러 마음에 드는 이미지를 고릅니다.

Plus**T**ip

Pixbay의 상단에 조금 작게 표시되는 이미지는 유료로 결제를 해야 하는 이미지고, 아래에 있는 이미지는 무료 이미지입니다.

04 하단의 쿠키 설정 부분에 '모든 쿠키 허용'을 클릭합니다.

P<small>lus</small>T<small>ip</small>

쿠키는 브라우저 또는 장치를 고유하게 식별하는 작은 텍스트 파일입니다. 쿠키를 허용하면 다음 번 픽사베이를 방문했을 때 원활하게 사이트를 이용할 수 있습니다. 쿠키를 허용하지 않으면 다음 번 방문 때 로그인을 요구하거나 다운로드가 원활하지 않을 수도 있습니다.

05 [다운로드]를 클릭하면 해상도를 선택하라는 안내문이 나타납니다. 원하는 해상도를 지정 후 [다운로드]를 클릭합니다.

06 웨일 브라우저 우측상단의 [다운로드] 아이콘을 클릭합니다.

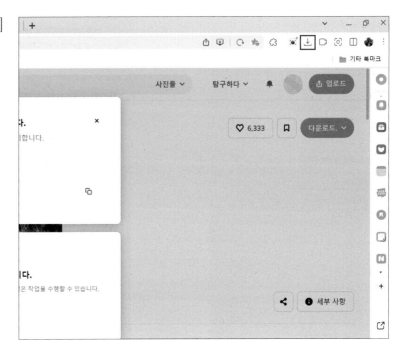

07 [다운로드] 폴더가 열리면서 다운받은 이미지가 보입니다. 원하는 파일명으로 수정한 후, 필요한 폴더로 옮기면 됩니다.

Plus Tip

다운받지 않고 실습용으로 제공된 소스 파일을 이용해도 됩니다만 연습을 위해 직접 다운받아보기를 추천합니다.

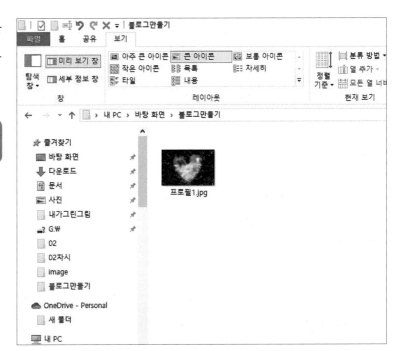

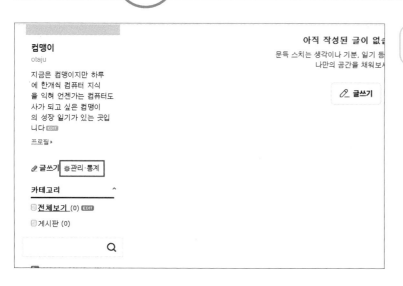

01 내 블로그에 접속 후 [프로필] 밑의 [관리] ✳ 를 클릭합니다.

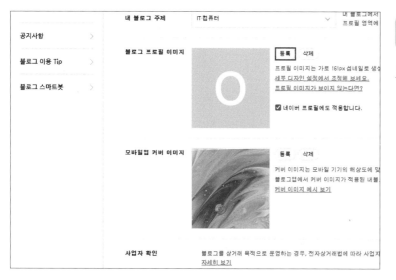

02 [기본 설정]-[기본 정보 관리]-[블로그 정보]에서 스크롤바를 아래로 내려 [블로그 프로필 이미지]의 [등록]을 클릭합니다.

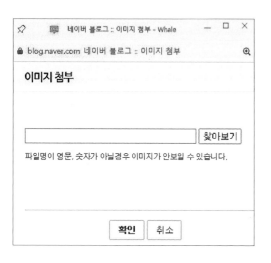

03 [이미지 첨부] 창이 나타나면 [찾아보기]를 클릭합니다.

04 다운로드 받아 놓은 무료 이미지 중 프로필 이미지를 클릭하고 [열기]를 클릭합니다.

Plus Tip

다운로드 받은 놓은 이미지가 없다면 소스파일인 '02-01.jpg' 이미지를 사용해도 됩니다.

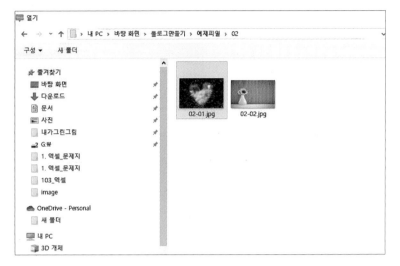

05 프로필 사진이 입력된 모습입니다.

Plus Tip

프로필 사진은 언제든 수정 가능합니다.

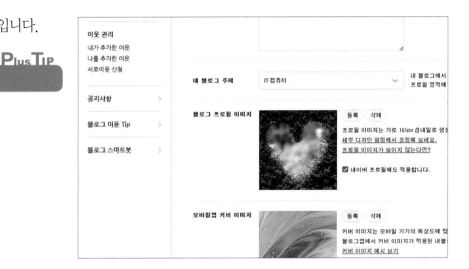

06 이번에는 [모바일앱 커버 이미지]를 등록하도록 하겠습니다. 커버 이미지가 무엇인지 알기 위해 [커버 이미지 예시보기]를 클릭합니다.

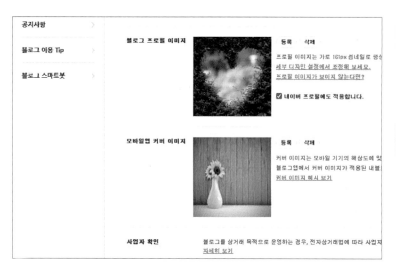

07 프로필 사진을 등록하던 방법과 동일하게 [모바일 앱 커버 이미지]를 등록합니다.

Plus Tip

다운로드 받아 놓은 이미지가 없다면 소스파일 '02-02.jpg' 이미지를 사용합니다.

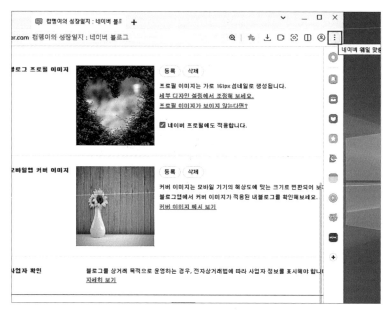

08 모바일 앱 커버 이미지가 등록되었습니다. 모바일에서 어떻게 보이는지 확인하기 위해 웨일 브라우저 상단의 점 세개 [네이버 웨일 맞춤설정 및 제어]를 클릭합니다.

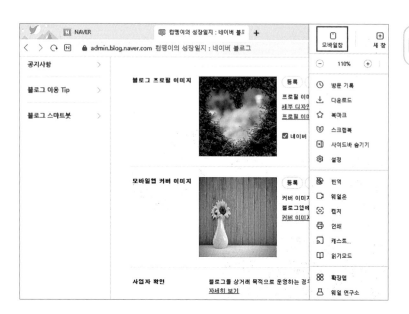

09 [모바일 창] 을 클릭합니다.

10 모바일의 기본적인 모습이 나타나면 [네이버 블로그] 아이콘을 클릭합니다.

11 등록한 [블로그 프로필 이미지]와 [모바일앱 커버 이미지]가 실제 모바일에서 보여지는 모습을 확인해 본 후 하단의 [확인]을 클릭합니다.

12 '성공적으로 반영되었습니다' 라는 안내 메시지가 나타나면 [확인]을 클릭합니다.

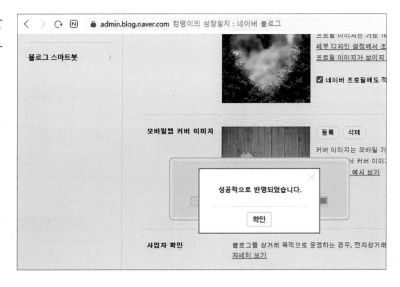

기초문제

1

인터넷을 실행한 후 내 블로그에 들어가 등록한 [블로그 프로필 이미지]와 [모바일 커버 이미지]를 확인하고 실제 모바일에서 보여지는 모습을 확인해보세요.

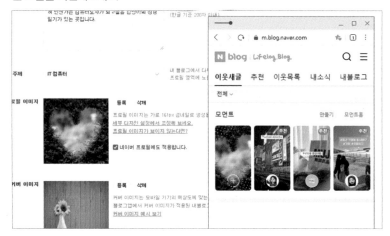

2

픽사베이에 접속 후 웨일 브라우저의 번역 기능을 활용하여 페이지를 한국어로 바꾸어보세요.

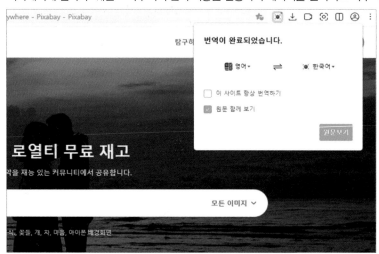

3

픽사베이에서 '모바일 커버 이미지'로 사용할 새로운 이미지를 찾아보세요.

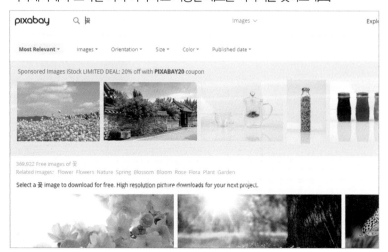

1) 픽사베이에서 새로운 [모바일 커버 이미지] 용으로 찾은 이미지를 저장해보세요.

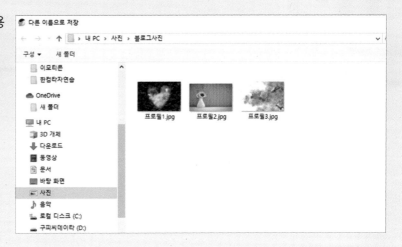

2) 내 블로그에서 블로그 관리로 들어와 새로운 [블로그 프로필 이미지]를 등록해보세요.

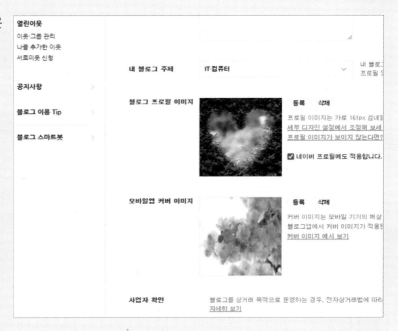

3) 내 블로그에서 [확인]을 클릭해 새롭게 등록한 [모바일 커버 이미지]를 내 블로그에 적용시켜보세요.

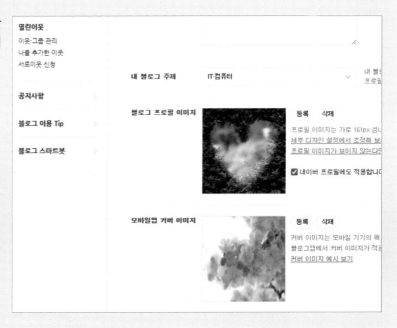

Section

03 블로그 멋있게 꾸미기

이번 장에서는 블로그의 전체적인 구성을 디자인하는 스킨과 레이아웃 설정 방법을 알아보겠습니다.

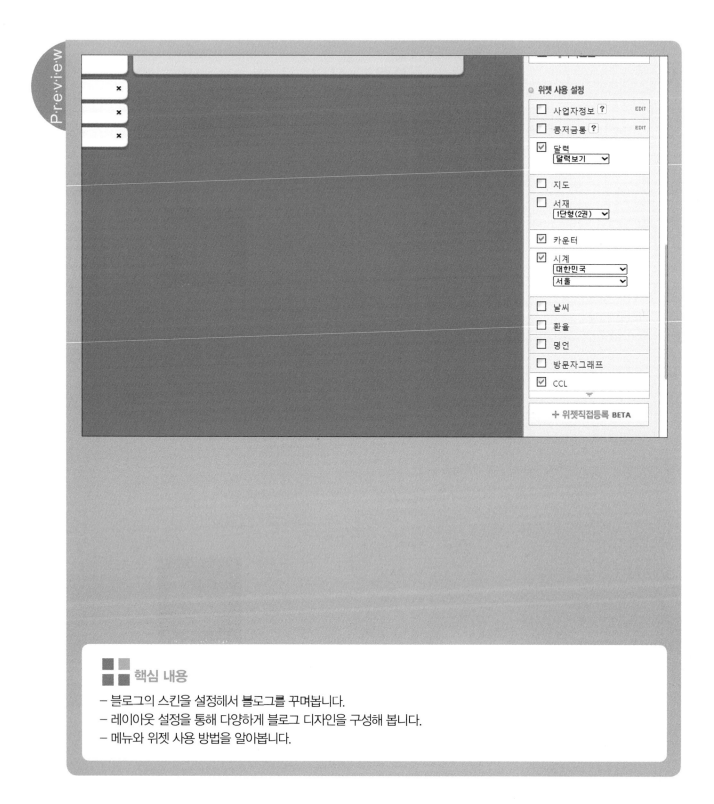

핵심 내용

– 블로그의 스킨을 설정헤서 블로그를 꾸며봅니다.
– 레이아웃 설정을 통해 다양하게 블로그 디자인을 구성해 봅니다.
– 메뉴와 위젯 사용 방법을 알아봅니다.

①1 [블로그]-[내 블로그]를 클릭하여 내 블로그에 접속합니다.

①2 [내 메뉴]-[스킨 변경]을 클릭합니다.

PlusTip

블로그 스킨이란 블로그 화면에 사용되는 전체 디자인입니다. 네이버에서 미리 디자인해 놓은 스킨이 있기 때문에 사용자가 마음에 드는 스킨을 자유롭게 골라 내 블로그에 적용할 수 있습니다.

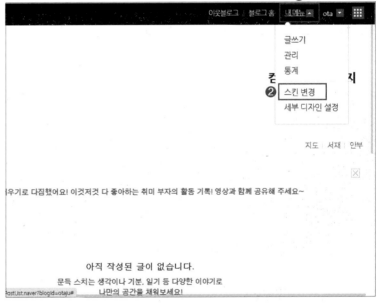

①3 블로그 관리에서 [꾸미기 설정]-[스킨 선택]을 클릭한 후 여러 스킨들을 둘러보며 마음에 찾는 스킨을 찾습니다.

PlusTip

블로그 스킨은 언제든지 바꿀 수 있습니다.

04 마음에 드는 스킨을 발견하면 [미리보기]를 클릭합니다.

05 미리보기한 스킨이 마음에 들면 [바로 적용]을 클릭합니다.

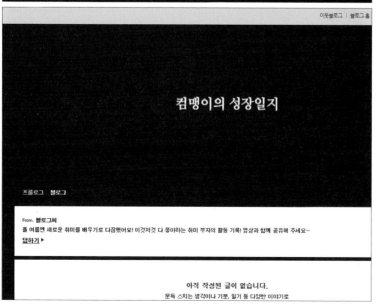

06 선택한 스킨이 내 블로그에 적용되었습니다.

01 블로그 메인 화면에서 [내 메뉴]-[세부 디자인 설정]을 클릭합니다.

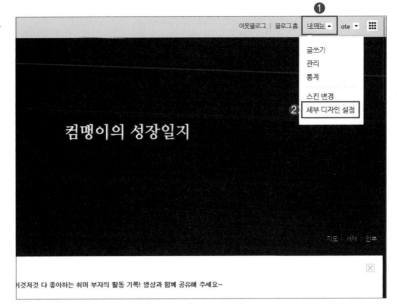

02 [리모콘] 창에서 [레이아웃 변경]을 클릭합니다.

Plus**T**ip

리모콘은 내 블로그의 디자인을 설정할 수 있는 창입니다. 스킨 배경, 타이틀, 본문 스타일, 프로필, 위젯 등 블로그 영역별로 다양한 디자인과 색상, 이미지를 선택하여 적용할 수 있습니다.

03 [레이아웃·위젯 설정]에서 마음에 드는 레이아웃을 골라봅니다. 여기서는 제일 기본형인 왼쪽의 레이아웃을 클릭합니다. 레이아웃 변경에 대한 안내 메시지 창이 나타나면 [확인]을 클릭합니다.

Plus**T**ip

오른쪽의 [레이아웃 설정]은 전체정렬-중앙, 글 영역-넓게, 사이드바 1, 사이드바 2-기본사용의 펼친 상태, 기본 메뉴는 국문으로 설정되어 있음을 확인합니다.

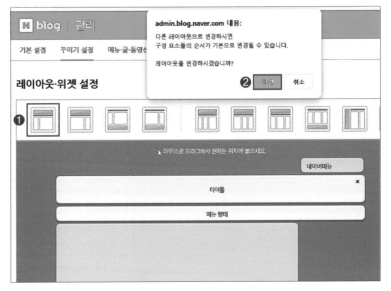

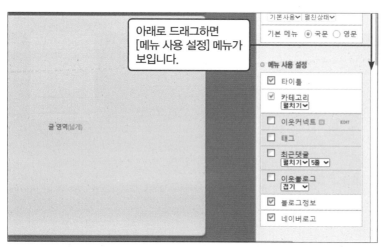

01 메뉴 설정하기 : [메뉴 사용 설정]에서 타이틀, 카테고리, 블로그 정보, 네이버 로고의 [체크박스] ☑ 에 클릭합니다. 체크하면 왼편의 미리보기에서 메뉴가 생겨나는 것을 볼 수 있습니다.

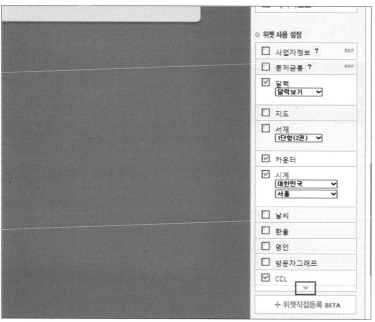

02 위젯 이용 설정하기 : 위젯 사용 설정]의 [펼침] 을 아래로 드래그하여 숨겨져 있던 위젯 목록을 펼칩니다.

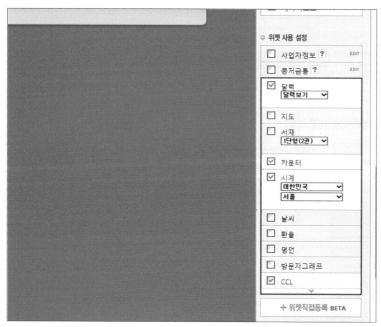

03 [위젯 사용 설정]에서 달력, 카운터, 시계, CCL을 선택합니다.

04 맨 하단으로 내려와 미리보기를 클릭하여 위젯이 설정된 모습을 미리보기한 후 [적용]을 클릭합니다. '레이아웃을 블로그에 적용하시겠습니까?' 라는 메시지 창이 나타나면 [확인]을 클릭합니다.

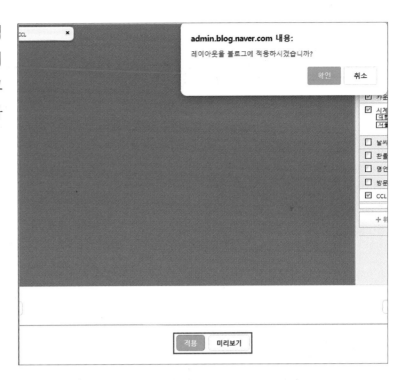

기초문제

1

인터넷을 실행한 후 내 블로그에 들어가 보세요.

2

내 블로그 메인 화면에서 [세부 디자인 설정]으로 들어가보세요.

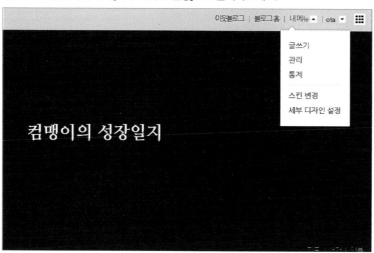

3

[리모콘] 창에서 [레이아웃 변경]으로 들어가보세요.

1) 내 블로그의 [위젯 사용 설정]에서 이웃 커넥트 위젯 사용을 해제해보세요.

2) [레이아웃·위젯 설정]에서 좌측 아래의 [스킨 선택]을 클릭하여 [스킨 선택] 화면으로 돌아와 보세요.

3) [스킨 선택]에서 [내 블로그] 메뉴를 클릭해 내 블로그 메인 화면으로 돌아와보세요.

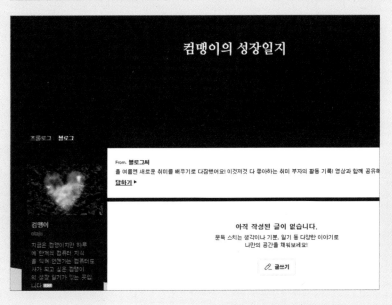

Section 04 카테고리 편집하기

카테고리는 분류별 글을 등록할 수 있도록 도와주는 기능입니다. 내 블로그의 카테고리를 만들고 편집하는 방법을 알아보겠습니다.

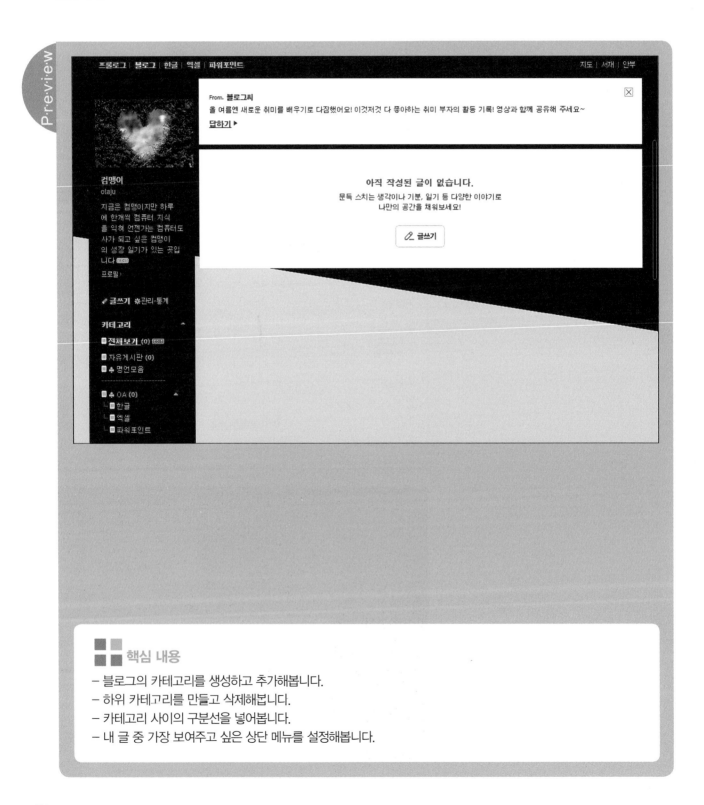

핵심 내용

- 블로그의 카테고리를 생성하고 추가해봅니다.
- 하위 카테고리를 만들고 삭제해봅니다.
- 카테고리 사이의 구분선을 넣어봅니다.
- 내 글 중 가장 보여주고 싶은 상단 메뉴를 설정해봅니다.

01 내 블로그에 접속 후 [내 메뉴]-[관리]를 클릭합니다.

PlusTip

카테고리는 구분선을 포함 최대 300개까지 만들 수 있으며, 카테고리별로 공개 여부를 다르게 해서 설정할 수 있습니다.

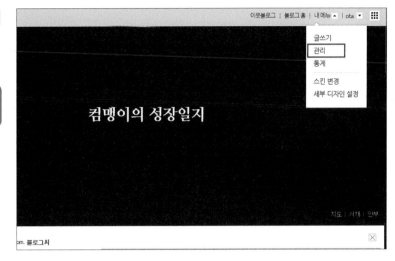

02 [blog 관리] 화면에서 [메뉴·글·동영상 관리]를 클릭합니다. 이어서 왼쪽의 [메뉴 관리]에서 [블로그]를 클릭 후 [카테고리 전체 보기]를 클릭합니다.

03 [카테고리 추가]를 클릭하면 카테고리 명에 자동으로 '게시판' 카테고리가 만들어집니다. 이를 다른 이름으로 변경하기로 합니다.

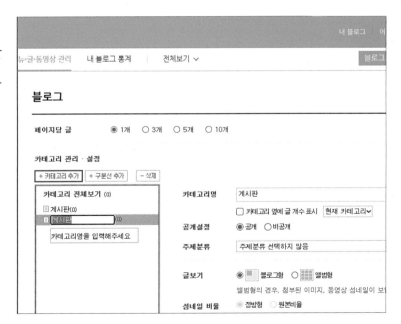

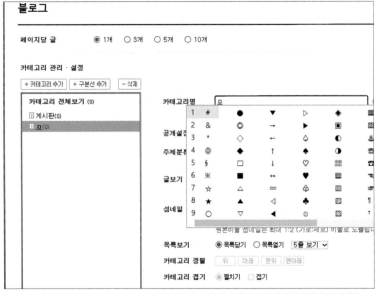

04 새로운 카테고리명을 입력하면 되는데, 카테고리명 앞에 특수문자를 넣어보겠습니다. 'ㅁ', 한자키, TAB(⇥)키를 차례대로 누르면 원하는 특수문자 목록이 나타납니다.

Plus Tip
특수문자를 넣어주면 좀 더 카테고리명에 대한 주목성이 강해집니다.

05 특수문자를 이용하여 [카테고리명]에 '♣ OA'를 입력합니다.

06 카테고리 옆의 글 개수 표시를 클릭한 다음 공개설정은 공개, 글보기는 블로그형, 목록보기는 '목록닫기'로 설정해줍니다.

Plus Tip
사진이나 영상을 주로 올리는 성격의 블로그라면 이미지나 영상의 형태로 보여지는 '앨범형 보기' 기능을 사용하는 것이 더 좋습니다.

07 [주제분류]를 클릭하면 주제분류별 목록이 펼쳐지는데 [지식·동향]의 [IT·컴퓨터]를 클릭합니다.

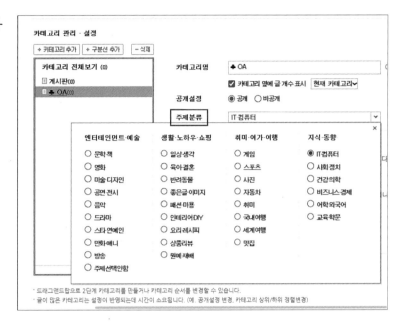

01 [♣ OA]를 클릭한 상태에서 [카테고리 추가]를 클릭해 하위 카테고리를 생성하고, 카테고리명을 '한글'로 입력합니다.

02 다시 [♣ OA]를 클릭합니다.

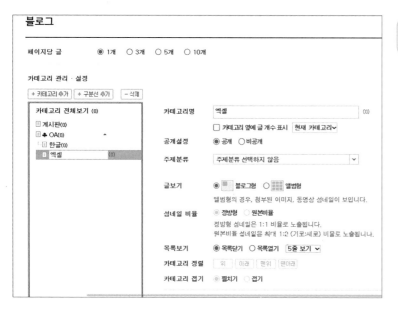

03 [카테고리 추가]를 클릭하고 [엑셀] 카테고리를 하나 더 생성합니다.

04 같은 방법으로 '파워포인트' 카테고리를 [♣ OA]의 하위 카테고리로 생성해 줍니다.

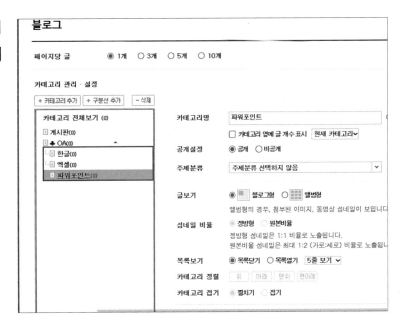

05 '인터넷'을 [♣ OA]의 하위 카테고리로 생성해줍니다.

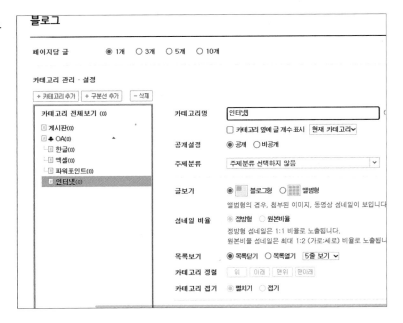

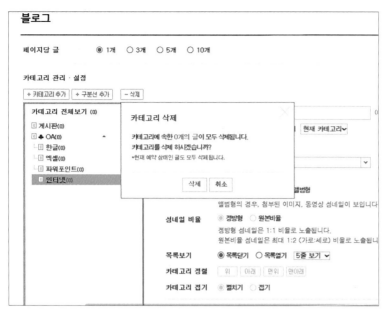

01 방금 생성한 '인터넷 카테고리'를 삭제하려면 선택한 후 [삭제] 메뉴를 클릭합니다. 카테고리 삭제에 대한 안내창이 나타나면 [삭제]를 클릭합니다.

Plus Tip

카테고리를 삭제하면 카테고리에 속한 글들이 모두 삭제됩니다. 따라서 카테고리 글이 많아졌을 때는 카테고리에 작성된 글을 다른 카테고리로 이동한 후 삭제를 하는 것이 좋습니다.

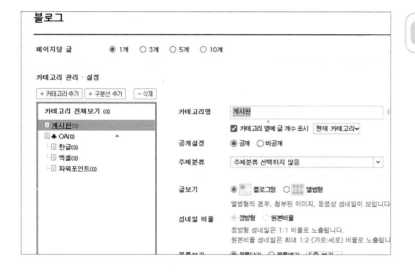

02 게시판 카테고리를 클릭하고 '게시판' 카테고리명을 지웁니다.

01 카테고리명을 [♣자유게시판]으로 입력해주고 주제분류는 [일상·생각]으로 설정합니다. 그리고 [♣자유게시판] 카테고리명을 클릭한 후 [구분선 추가]를 클릭합니다.

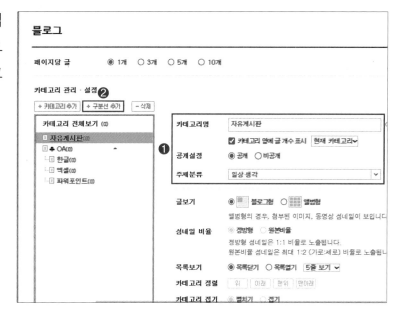

02 [♣자유게시판] 카테고리 아래에 구분선이 추가되면 확인을 클릭합니다.

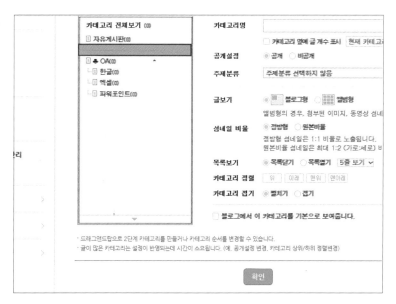

03 '성공적으로 반영되었습니다' 라는 메시지 창이 나타나면 [확인]을 클릭합니다.

PlusTip

카테고리간 이동은 마우스로 드래그하여 원하는 위치로 가져다 놓으면 됩니다.

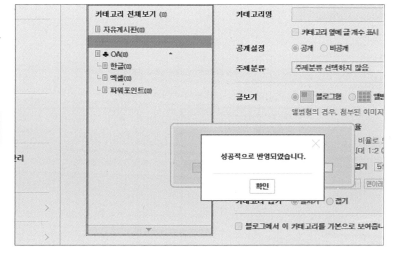

만들어 놓은 카테고리 중에서 블로그의 첫 화면에 보여주고 싶은 카테고리를 상단메뉴라고 합니다. 이번에는 상단
메뉴를 설정해보겠습니다.

01 [blog 관리] 화면에서 [메뉴 · 글 · 동영상 관리]를 클릭 후 왼쪽의 [메뉴 관리]에서 [상단메뉴 설정]을 클릭합니다.

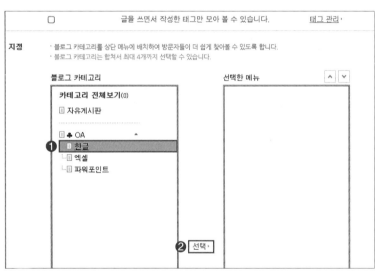

02 '한글' 메뉴를 클릭한 후 [선택]을 클릭합니다.

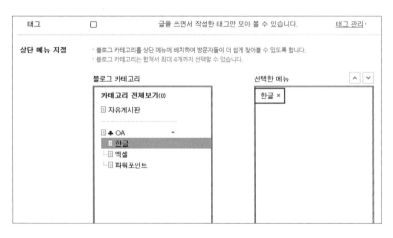

03 '한글' 메뉴가 [선택한 메뉴]에 생성되었습니다.

04 동일한 방법으로 '엑셀', '파워포인트' 메뉴도 [선택한 메뉴]로 선택합니다.

Plus Tip

블로그 카테고리는 합쳐서 최대 4개까지 선택할 수 있습니다.

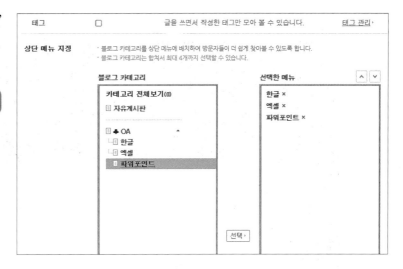

05 [미리보기]를 클릭하여 상단메뉴가 내 블로그에서 어떻게 보여지는지 확인을 한 다음 [확인] 메뉴를 클릭합니다.

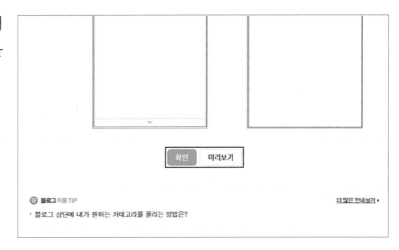

06 '성공적으로 반영되었습니다' 라는 메시지 창이 나타나면 [확인]을 클릭합니다.

1

인터넷을 실행한 후 내 블로그에 들어와 보세요.

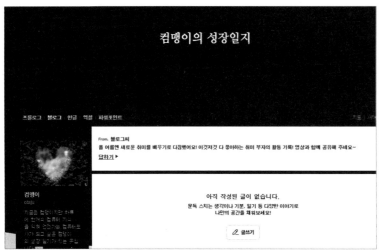

2

내 블로그 관리로 들어와 보세요.

3

내 블로그 관리에서 [♣ 명언모음] 카테고리를 아래와 같이 생성해 보세요.

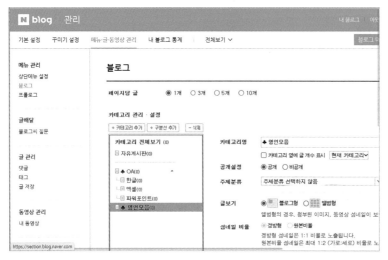

1) [♣ 명언모음] 카테고리의 주제 분류를 [좋은 글 이미지]로 설정해보세요.

2) [♣ 명언모음] 카테고리를 마우스로 드래그해 [♣ 자유게시판] 카테고리 밑으로 옮겨보세요.

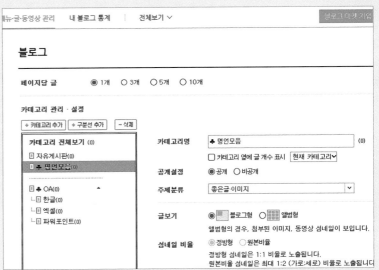

3) 내 블로그로 돌아와 새롭게 만든 카테고리를 확인해보세요.

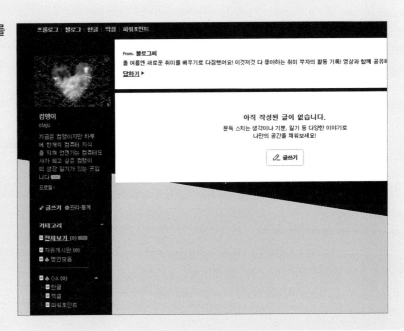

05 미리캔버스를 이용하여 블로그 타이틀 만들기

타이틀은 블로그를 방문했을 때 가장 먼저 보여지는 부분이므로 블로그의 간판이라고 할 수 있습니다. 이번 장에서는 내 블로그에 타이틀을 만들어 보는 방법을 알아보겠습니다.

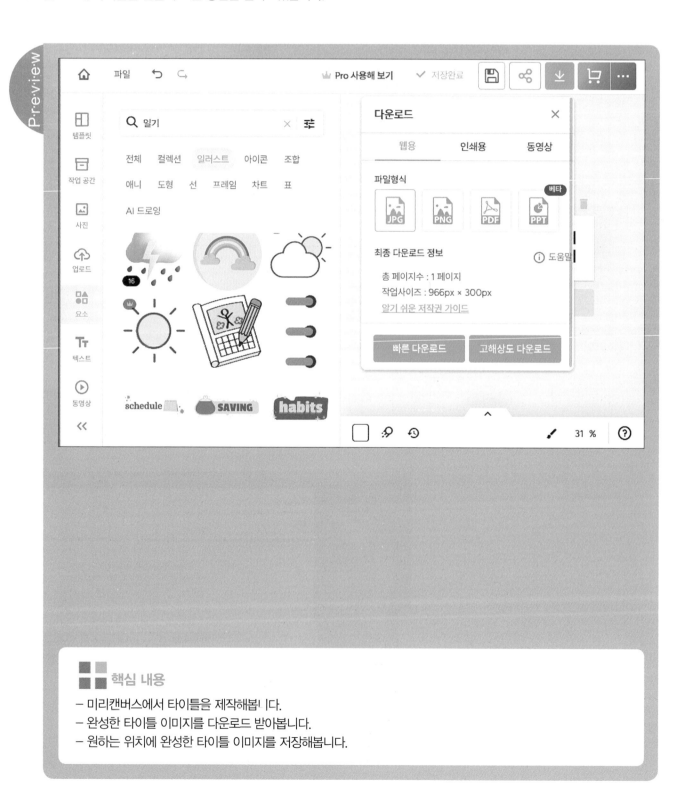

핵심 내용

– 미리캔버스에서 타이틀을 제작해봅니다.
– 완성한 타이틀 이미지를 다운로드 받아봅니다.
– 원하는 위치에 완성한 타이틀 이미지를 저장해봅니다.

01 미리캔버스를 검색하여 접속한 다음, 상단의 [회원가입]을 클릭한 후 [네이버로 간편 가입]을 클릭합니다. 이미 회원이라면 바로 로그인을 해줍니다.

Plus**T**ip

완성한 이미지를 다운로드 받으려면 회원가입이 되어 있어야 하므로 미리캔버스에 회원가입을 합니다. 간편 회원가입에는 이외에 [카카오로 간편 가입]과 [이메일 가입] 등이 있으므로 각자 편한 방법으로 회원가입을 해도 됩니다.

02 네이버 로그인 창에서 아이디와 비밀번호를 입력한 후 [로그인]을 클릭합니다.

Plus**T**ip

이미 네이버에 로그인이 되어있는 상태면 이 부분은 자동적으로 처리됩니다.

03 '소셜 계정으로 가입'의 약관 동의를 한 후 [가입하기]를 클릭합니다. 그런 다음 [로그인 유지하기]를 클릭합니다.

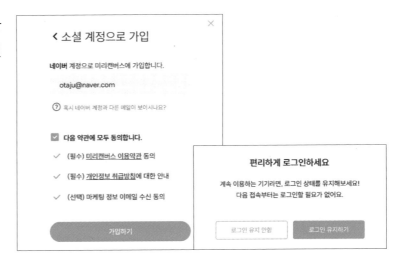

01 [탬플릿] ⊞ 을 선택 후 [설정 1080px ×1080px]를 클릭하고 [직접입력] ✏ 을 클릭합니다.

PlusTip

이미 미리 캔버스에 접속되어 있는 상태이면 1, 2번은 건너 뛰고 4번 부터 시작하면 됩니다.

02 966px, 300px를 입력 후 [적용하기]를 클릭합니다.

03 [업로드] ⬆ 를 클릭합니다.

01 [업로드]를 클릭하여 열린 [열기] 창에서 예제파일 '05-01.jpg'을 찾아 선택한 후 [열기]를 클릭해 파일 메뉴에 이미지를 업로드 합니다.

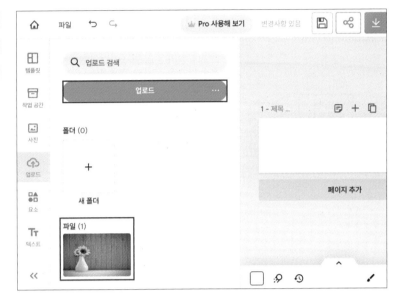

02 이미지를 오른쪽 마우스로 드래그하여 [1페이지]로 이동시킵니다.

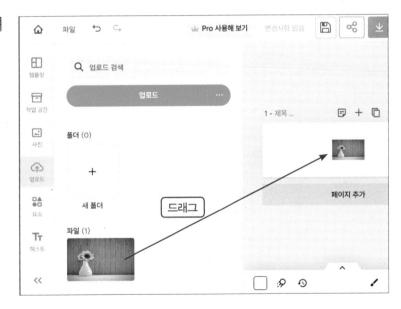

03 이미지의 크기를 아래와 같이 조절합니다.

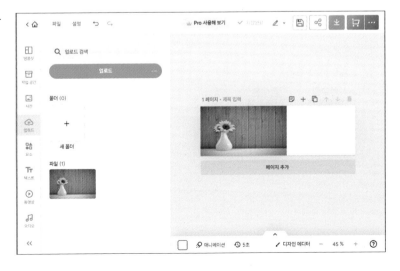

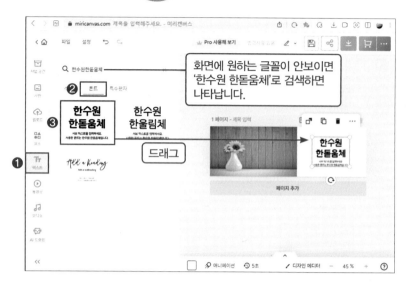

01 [텍스트] Tt 메뉴를 선택한 후 [폰트]를 클릭하고 [한수원 한돋움체]를 마우스로 드래그해 이미지의 원하는 위치에 배치합니다.

02 삽입된 텍스트를 클릭하여 선택하고, [그룹 해제] 를 클릭하여 아래쪽에 있는 텍스트를 블록으로 지정한 후 Del 키를 눌러 삭제합니다.

03 '한수원 한돋움체'를 삭제한 후 타이틀명인 '컴맹이의 성장일지'를 입력합니다.

04 [요소] ▦ 를 선택한 후 [일러스트]를 클릭하고 마음에 드는 이미지를 드래그해 적당한 곳에 배치하여 블로그 타이틀 이미지를 완성합니다.

01 블로그 타이틀이 완성되면 [다운로드]
[웹용]에서 JPG를 클릭 후
[고해상도 다운로드]를 클릭합니다.

02 [파일 다운로드] 창이 나타나면 [다른
이름으로 저장]을 클릭합니다.

Plus Tip

다운로드 폴더가 미리 지정된 상태이면 바로 다운로드 되어 저장됩
니다. 이 경우 지정해둔 다운로드 폴더로 가서 원하는 폴더로 이동시
키면 됩니다.

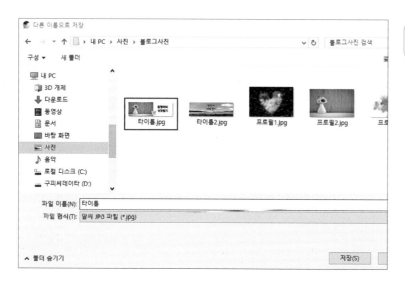

03 저장할 폴더를 찾아 '타이틀'이라는 이
름으로 저장합니다.

1) 미리캔버스에서 페이지 크기를 966×300px로 설정한 다음, 페이지의 제목을 '타이틀 만들기'로 설정하고, 예제파일 '05-01.jpg, 05-02.jpg'을 업로드 해보세요. 이어서 '05-02.jpg' 이미지를 1 페이지로 드래그하여 크기를 조절해보세요.

2) '네이버 나눔 손글씨 펜체'를 이미지위에 드래그 해보세요.

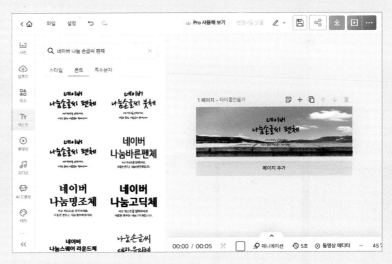

3) '컴맹이의 성장일기'를 입력한 후 완성한 이미지의 파일 이름을 '타이틀2'로 저장해보세요.

06 타이틀과 세부 디자인 설정하기

이번 장에서는 타이틀을 블로그에 적용하고 리모콘 기능을 사용하여 블로그 꾸미기를 완성해보도록 하겠습니다.

Preview

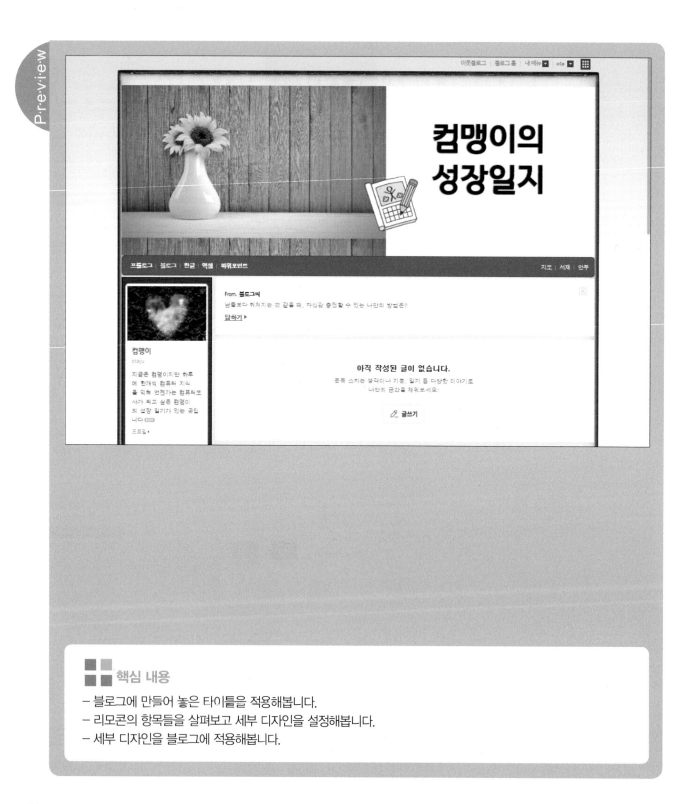

핵심 내용

- 블로그에 만들어 놓은 타이틀을 적용해봅니다.
- 리모콘의 항목들을 살펴보고 세부 디자인을 설정해봅니다.
- 세부 디자인을 블로그에 적용해봅니다.

01 내 블로그에 접속 후 [내 메뉴]-[세부 디자인 설정]을 클릭합니다.

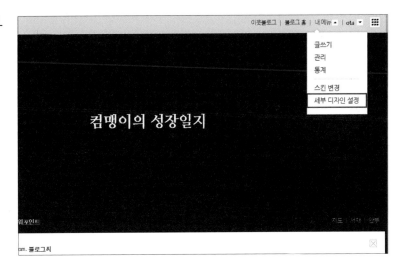

02 리모콘 창에서 [타이틀]을 선택하고, [블로그 제목]에 표시를 클릭하여 해제하고, 영역 높이를 '325'로 드래그합니다. 블로그 높이는 50~600까지 설정할 수 있습니다.

PLUS TIP

[블로그 제목]에 체크를 해제하지 않으면 내가 직접 만든 타이틀을 적용했을 때 글자가 겹쳐 보이게 됩니다.

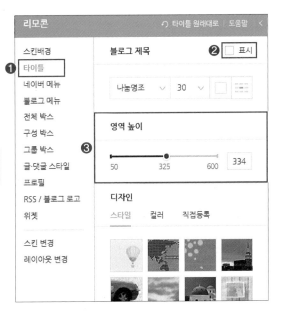

03 [디자인]-[직접 등록]을 선택한 후 [파일 등록]을 클릭합니다.

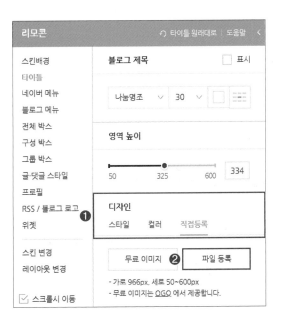

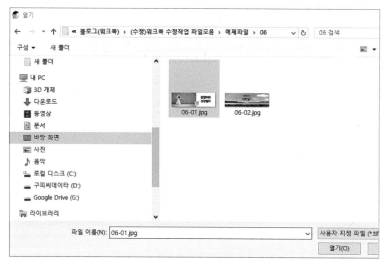

04 [열기] 창이 나타나면 예제파일 '06-01.jpg'을 찾아 선택하고 [열기]를 클릭합니다.

05 내 블로그에 직접 만든 블로그 타이틀이 적용되었지만 [적용]을 누르지 않으면 타이틀이 적용되지 않습니다. [적용]을 클릭합니다.

_{Plus}**TIP**

타이틀은 이렇게 직접 만든 이미지를 등록할 수 있는 [직접등록]과 [스타일], [컬러]가 있습니다.

세부 디자인 적용

현재 디자인을 적용하시겠습니까?

☐ 내가 만든 스킨에 저장합니다.

취소　　적용

06 [세부 디자인 적용] 창이 나타나면 [적용]을 클릭하여 직접 만든 타이틀을 내 블로그에 적용합니다.

01 다시 [내 메뉴]-[세부 디자인 설정]을 클릭합니다.

02 [스킨 배경]을 클릭한 후 원하는 스타일을 선택합니다. 선택한 내용은 미리보기로 확인한 후 적용할 수 있습니다.

03 [네이버 메뉴]를 선택한 후 원하는 디자인을 클릭하여 선택합니다. 이 메뉴는 블로그 상단의 내 메뉴와 아이디, 전체 서비스 보기의 아이콘에 적용됩니다.

04 [블로그 메뉴]에서 원하는 디자인을 골라보고 선택합니다. 이 디자인은 프롤로그 / 블로그 / 상단메뉴가 있는 부분에 적용됩니다.

05 [전체 박스]를 클릭 후 원하는 스타일을 골라봅니다.

06 [구성 박스]를 클릭 후 원하는 디자인을 골라봅니다.

07 [그룹 박스]를 클릭 후 원하는 디자인을 골라봅니다.

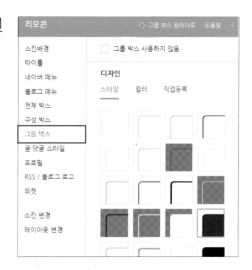

08 [그룹 박스]를 클릭하면 스타일뿐만 아니라 컬러도 직접 등록할 수 있습니다. 컬러 부분에서 녹색(#004E22)를 선택하고 테두리 두께를 2pt로 설정합니다.

09 [글·댓글 스타일]에서 원하는 디자인을 골라보고 선택합니다. 폰트의 제목색, 내용색, 강조색을 마음에 드는 색상으로 설정합니다.

10 폰트의 색상을 텍스트가 잘 보이도록 변경해봅니다.

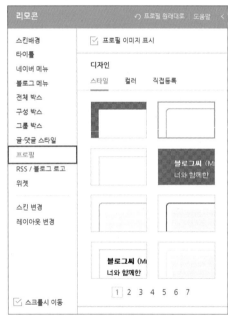

11 [프로필]을 클릭 후 원하는 디자인을 골라봅니다.

12 [RSS/블로그 로고]를 클릭 후 원하는 디자인을 골라봅니다.

13 [위젯]을 클릭 후 원하는 위젯 스타일을 골라봅니다.

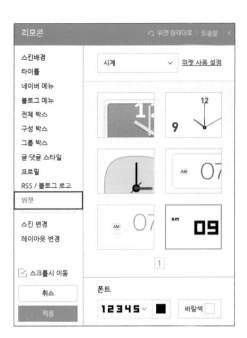

01 세부 디자인이 적용된 내 블로그의 전체 모습을 확인 후 [적용]을 클릭합니다.

02 [세부 디자인 적용] 창이 나타나면 [적용]을 클릭합니다.

03 '내가 만든 스킨에 저장합니다'에 클릭하여 체크를 하고, '첫번째 스킨'으로 디자인 제목을 입력한 후 [적용]을 클릭합니다.

04 '스킨이 저장되었습니다. [내가 만든 스킨] 페이지에서 확인하시겠습니까? 라는 창이 나타나면 나타나면 [확인]을 클릭 합니다.

05 [내 스킨 관리]에서 방금 디자인한 스킨의 모습을 확인할 수 있습니다. [내 블로그] 메뉴를 클릭합니다.

06 블로그의 타이틀과 세부 디자인이 적용된 모습을 최종적으로 확인합니다.

1

내 블로그의 리모콘 창에서 [네이버 메뉴]로 들어가보세요.

2

[그룹 박스]로 들어가 그룹 박스 스타일을 바꾸어보세요.

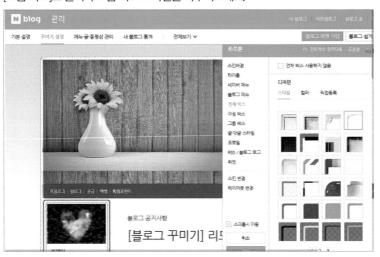

3

리모콘 창에서 [위젯]의 시계 디자인을 다른 디자인으로 골라보세요.

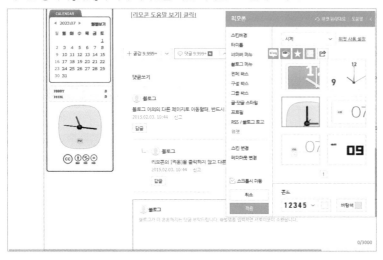

1) 리모콘 창에서 [위젯]의 카운터 디자인을 골라 적용해보세요.

2) 리모콘 창에서 [위젯]의 달력 디자인을 변경해보세요.

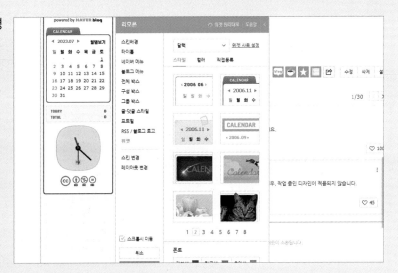

3) 리모콘 창에서 새롭게 설정한 디자인을 블로그에 [적용]해 보세요.

07

스마트 에디터 ONE으로 글쓰기

스마트 에디터 ONE은 네이버에서 개발한 웹 편집기로 이를 이용하면 글쓰기를 멋지고 세련되게 할 수 있습니다. 이번 장에서는 스마트 에디터 ONE의 다양한 기능을 익혀 보겠습니다.

Preview

otaju

지금은 컴맹이지만 하루에 한개씩 컴퓨터 지식을 익혀 언젠가는 컴퓨터도사가 되고 싶은 컴맹이의 성장 일기가 있는 곳입니다 EDIT

프로필 ▶

✎ 글쓰기 ⚙관리·통계

카테고리 ⌃

▣ 전체보기 (2) EDIT
▣ 자유게시판 (2) N
▣ ♣ 명언모음
▣ ♣ OA (0) ⌃
└ ▣ 한글
└ ▣ 엑셀
└ ▣ 파워포인트

활동정보
블로그 이웃 0 명
글 보내기 0 회
글 스크랩 0 회

🔍

📄 RSS 2.0   📄 RSS 1.0   ATOM 0.3

powered by NAVER blog

CALENDAR

포항 호미곶 해맞이 광장 해뜨는 시간

🌑 컴맹이   방금 전   URL 복사   📊통계   ⋮

포항 호미곶 해맞이 광장에 있는 상생의 손입니다

■■ 핵심 내용

- 블로그씨에 답하기로 첫 글을 작성해봅니다.
- 글감을 활용하여 글을 발행해봅니다.
- 인용구와 지도를 첨부하여 글을 발행해봅니다.

01 내 블로그에서 'from.블로그씨'의 [답하기]를 클릭합니다.

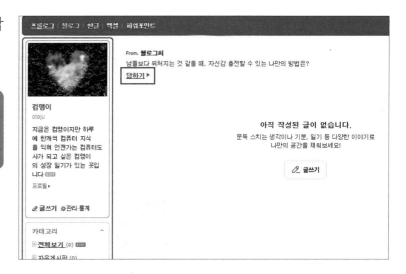

02 도움말은 '×'를 눌러 닫습니다.

01 [글감] 📖 을 클릭하고 검색란에 '책'을 입력 후 원하는 이미지를 클릭합니다.

02 이미지가 본문에 삽입되면 [대표]를 클릭해 대표 이미지로 설정해 준 후 내용을 입력합니다.

Plus Tip

대표 사진은 블로그 글을 검색했을 때 보여지는 사진입니다. 쓰고 있는 글에 올린 여러 사진 중 내 글을 가장 잘 표현할 수 있는 사진을 골라 선택합니다.

03 카테고리를 자유게시판으로 하고 태그 편집에 '책'을 입력한 후 글을 발행합니다.

Plus Tip

태그를 계속 추가하여 넣으려면 Space Bar 를 눌러가면서 추가 입력하면 됩니다.

04 '글이 발행되면 '첫 글을 축하한다는 블로그팀 공식블로그의 안내창이 나타나며, [이웃추가]를 클릭합니다.

05 네이버 블로그팀을 이웃으로 추가한다는 내용의 [이웃추가] 창이 나타나면 [다음]을 클릭합니다.

06 '네이버 블로그팀'을 추가할 그룹을 [새그룹]으로 선택한 후 [다음]을 클릭합니다. 이웃 추가가 완료되면 [닫기]를 클릭합니다.

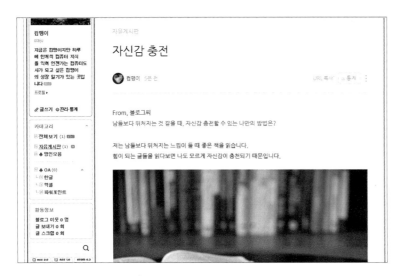

자유게시판

자신감 충전

 컴맹이 5분 전   URL 복사 👍 동지

From, 블로그씨
남들보다 뒤처지는 것 같을 때, 자신감 충전할 수 있는 나만의 방법은?

저는 남들보다 뒤처지는 느낌이 들 때 좋은 책을 읽습니다.
힘이 되는 글들을 읽다보면 나도 모르게 자신감이 충전되기 때문입니다.

07 첫 글이 완성되었습니다.

01 블로그 첫 화면에서 프로필 영역의 [글쓰기] ✎ 를 클릭합니다.

02 '포항 호미곶 해맞이 광장 해뜨는 시간'을 제목으로 입력합니다.

03 본문에 '포항 호미곶 해맞이 광장에 있는 '상생의 손'입니다'를 입력하고 블록으로 지정한 후 '글꼴 크기는 16, 진하게'를 적용합니다.

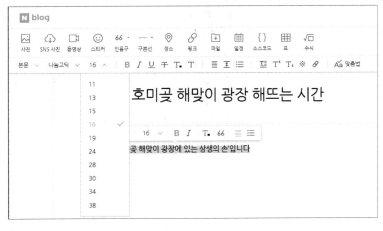

04 원하는 글꼴을 설정합니다.

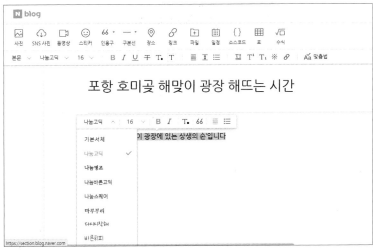

05 기본 도구 메뉴에서 [사진] 📷 을 클릭한 후 예제파일 '07-01.jpg' 파일을 찾아 삽입합니다.

06 사진을 삽입한 후에 Enter 를 두 번 누른 후 기본 도구 메뉴의 인용구에서 '인용구3'를 클릭해 본문에 삽입합니다.

07 인용구 안에 '호미곶 해맞이 광장 해뜨는 시간'을 입력하고, 해뜨는 시간을 입력합니다.

Plus**T**ip

호미곶 해뜨는 시각은 인터넷으로 검색해서 알아봅니다.

01 기본 도구 메뉴에서 [장소] ⊙를 클릭하여 검색란에 '호미곶'을 입력 후 Enter 를 누릅니다.

02 결과에서 제일 먼저 나타난 '호미곶해맞이광장'의 오른쪽에 있는 [추가]를 클릭하면 [확인] 단추가 활성화 됩니다. 클릭합니다.

03 작성 중인 본문에 지도가 추가되었습니다. Enter 를 두 번 누른 후 '이번 주말에 호미곶으로 가족여행 한번 가야겠어요.'를 입력하고 글을 발행합니다.

1

네이버에서 내 블로그를 들어가 보세요.

2

[내 메뉴]를 활용하여 스마트 에디터 ONE에 들아가보세요.

3

글감을 활용하여 '요즘 방송중인 드라마 모음' 글을 작성해보세요.

1) 내 블로그의 글쓰기에서 '요즘 재미있게 보는 드라마 3가지' 제목으로 본문을 작성해보세요.

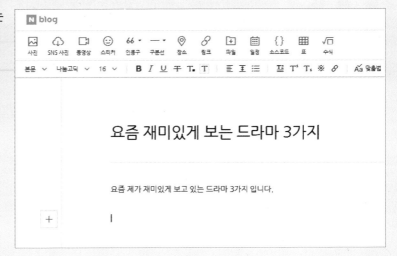

2) TV에서 최근 방송 중인 드라마 중 재미있게 보는 드라마 3가지를 이미지와 함께 본문에 입력해보세요.

3) [자유게시판] 카테고리에 '드라마추천' 태그를 달아 발행해보세요.

08 탬플릿 활용 글쓰기

이번 장에서는 네이버에서 제공하는 탬플릿을 활용하여 글을 발행하는 방법을 알아보겠습니다. 탬플릿이란 이미 만들어진 글의 틀에 내용을 바꾸어 사용할 수 있는 기능입니다.

핵심 내용

– 탬플릿을 활용하여 글을 발행해봅니다.
– 그림 교체하기 기능을 활용하여 그림을 교체해봅니다.
– 그림 3장을 본문에 넣어 글을 발행해봅니다.

01 내 블로그에서 [내메뉴]-[글쓰기]를 클릭합니다.

02 오른쪽 제일 끝에 있는 [템플릿] 메뉴를 클릭한 후 [추천 템플릿]에서 원하는 템플릿을 선택합니다. 여기에서는 '일기 오늘에 진심인 나'를 선택했습니다.

03 선택한 템플릿의 글 내용이 입력되었습니다. 배경 이미지를 교체해 보겠습니다. 제목의 오른쪽 상단 모서리에 있는 휴지통 아이콘을 눌러 배경 이미지를 삭제합니다.

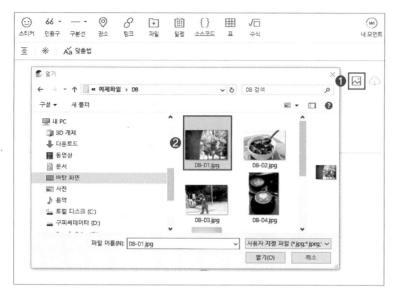

04 제목 부분의 오른쪽 상단 모서리에 있는 사진 [🖼] 아이콘을 클릭하고, 예제 파일 '08-01.jpg'를 찾아 선택 후 [열기]를 클릭합니다.

05 제목에 배경 그림이 삽입되었습니다.

01 제목을 '5월, 오늘에 진심인 나, 첫 일기'로 변경해줍니다.

02 우측 스크롤바를 마우스로 드래그하여 화면을 아래로 내리다 만나는 이미지와 내용을 바꿔보기로 합니다. 먼저 이미지를 교체하기 위해 이미지를 클릭하여 선택한 후 Del 키를 눌러 이미지를 삭제합니다.

03 기본 도구 메뉴에서 [사진] 아이콘을 클릭하고 예제파일 '08-02.jpg' 이미지를 선택한 후, [열기]를 클릭하여 표 안에 삽입합니다.

04 '집표 딸기 요거트'의 내용도 '맛있는 미역국'으로 수정해줍니다.

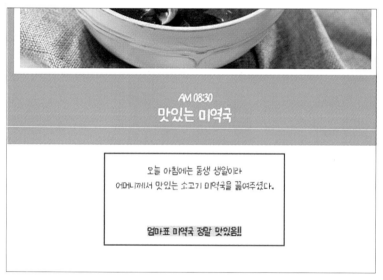

05 미역국 이미지 밑의 본문 내용도 수정합니다.

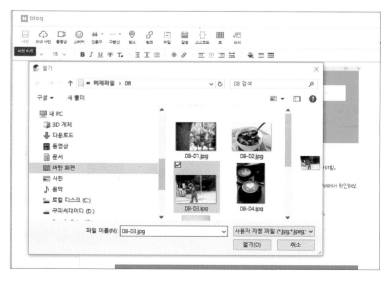

06 바로 밑에 나타나는 주황색 테두리의 '폭풍 알바중'의 이미지도 예제파일 '08-03.jpg'로 교체해줍니다.

01 '내일 또 어떤 하루가 나를 기다리고 있을지 기대된다'에서 아래로 Enter 를 두 번 누릅니다.

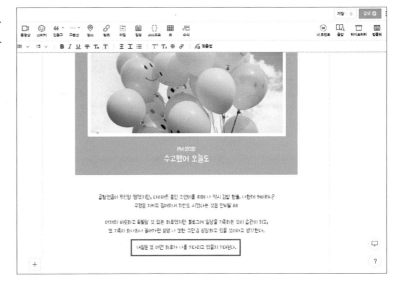

02 [사진] 아이콘을 누른 후 예제파일 08-04.jpg를 찾아 클릭해 삽입해줍니다.

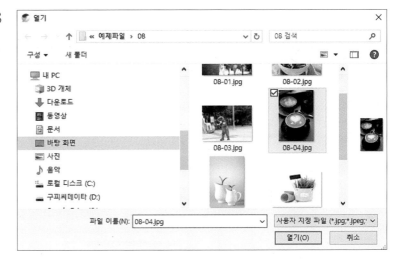

03 삽입한 그림이 마음에 안 들어 다른 그림으로 교체해보겠습니다. 삽입한 그림을 클릭한 후 [사진 교체] 메뉴를 클릭합니다.

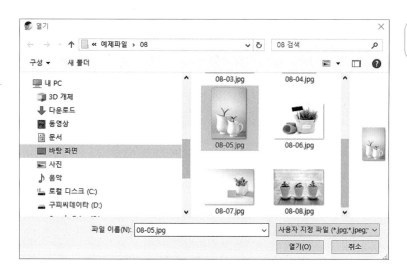

04 예제파일 '08-05.jpg'를 찾아 클릭한 후 [열기]를 클릭합니다.

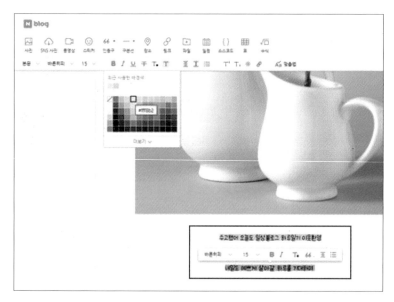

05 이미지가 바로 변경되었습니다. 이번에는 본문 하단에 '내일도 예쁘게 살아갈 하루를 기다리며'를 추가 입력 후 노란색의 음영색을 적용합니다.

따라하기 04 그림 3장 본문에 삽입해보기

01 본문 하단의 '내일도 예쁘게 살아갈 하루를 기다리며' 아래에 예제파일 '08-06~08-08.jpg을 선택한 다음 [열기]를 클릭합니다.

Plus Tip

여러 개의 파일을 선택할 경우 Shift 키를 누른 상태에서 차례대로 클릭하면 됩니다.

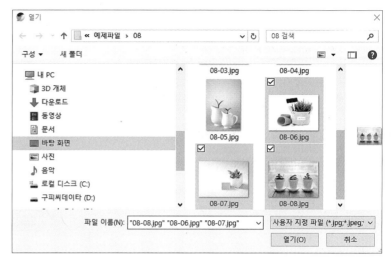

02 사진 첨부 방식 창이 나타나면 [개별사진]을 선택합니다.

03 3개의 사진이 차례대로 삽입되었습니다. '08-07.jpg' 이미지를 08-06.jpg 이미지 옆쪽으로 드래그합니다.

04 사진이 축소되면서 두 장의 사진이 가로로 나란히 배열되었습니다.

04 08-08.jpg 이미지도 마우스로 드래그 하여 08-07.jpg 이미지 옆에다 배열합니다.

05 세 개의 이미지가 나란히 가로로 배열되었습니다.

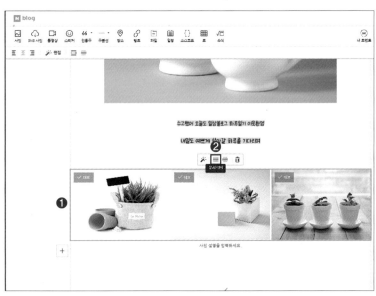

06 가로로 나란히 배열된 이미지를 클릭한 후 [문서 너비]를 클릭해서 세 장 이미지의 길이를 다른 그림과 맞게 조금 축소합니다.

07 템플릿을 활용한 문서가 완성되면 글을 발행합니다.

08 완성된 문서입니다.

1

'5월, 오늘에 진심인 나 첫일기' 글에서 [수정하기]를 클릭해보세요.

2

'내일은 또 어떤 하루가 나를 기다리고 있을지 기대된다'의 음영색을 보라색으로 바꿔보세요.

3

글꼴 크기를 19, 진하게로 설정해보세요.

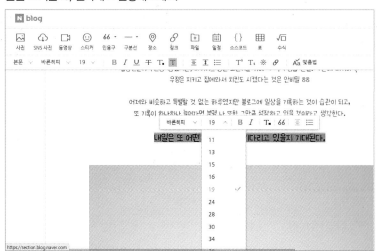

1) 템플릿을 활용해 발행한 글 '5월, 오늘에 진심인 나, 첫 일기'의 하단에 있는 '/'를 클릭해 삭제해보세요.

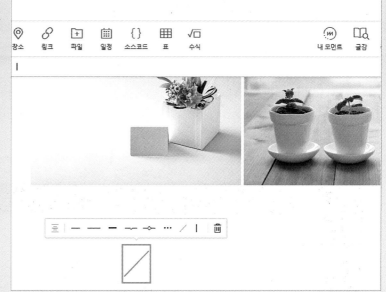

2) 예제파일 ch08.06~08.08.jpg 이미지를 본문에 삽입한 후 문서 넓이를 '문서 넓이'로 축소해보세요. '내일도 예쁘게 살아갈 하루를 기대하며'를 입력한 후 음영색을 노란색으로 설정해보세요.

3) 본문 하단에 '구분선5'를 입력한 후 글을 발행해보세요.

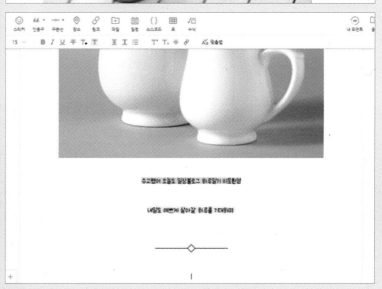

09 포토에디터로 사진 편집하기

이번 장에서는 네이버에서 제공하는 포토에디터를 사용하여 사진을 편집하는 방법을 알아보겠습니다. 포토에디터는 사진 자르기부터, 보정, 필터, 스티커, 서명 등 사진 편집과 꾸미기를 제공하며, 몇 번 클릭만으로 전문가 수준의 사진 편집이 가능한 사진 편집기입니다.

Pre·view

핵심 내용

– 본문에 사진을 넣고 크기를 변경해봅니다.
– 포토에디터로 사진을 편집해봅니다.
– 사진 첨부 방식을 활용하여 여러 사진을 본문에 삽입해봅니다.

01 블로그 글쓰기를 실행한 후 제목에 '포토에디터 사진 편집 실습'이라고 입력합니다.

02 본문에 인용구 2를 입력합니다.

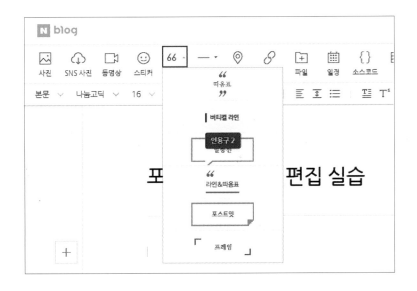

03 '사진 크기 변경과 자르기'를 입력 후 Enter 를 두 번 누릅니다.

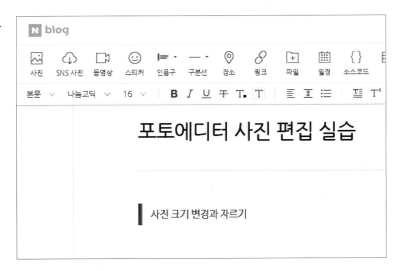

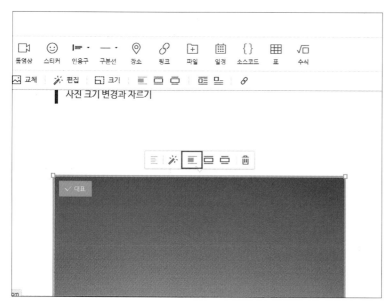

04 예제파일 '09-01.jpg'의 이미지를 본문에 삽입 후 이미지를 클릭해서 컨텍스트 메뉴가 나타나면 사진 넓이를 '작게'로 클릭하여 조정합니다.

컨텍스트 메뉴란? `PlusTip`

블로그에 글을 작성한 후 블록을 잡으면 글 위에 자주 사용되는 속성 도구 막대들입니다. 컨텍스트 메뉴를 활용하면 보다 빠르게 내용을 편집할 수 있습니다.

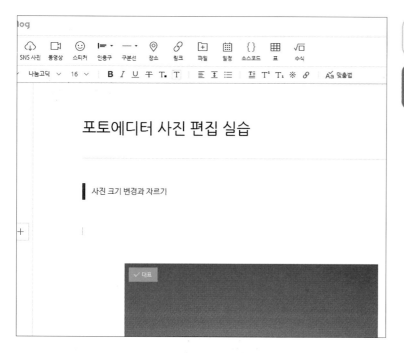

05 사진을 가운데 정렬합니다.

`PlusTip`

가운데 정렬은 기본도구 상자에서 해도 되고, 이미지를 클릭했을 때 나타나는 컨텍스트 메뉴에서 해도 됩니다.

01 컨텍스트 메뉴에서 [사진 편집] ✨ 메뉴를 클릭하여 포토에디터 편집 화면으로 들어갑니다.

02 [크기] ◨ 메뉴를 클릭하면 사진의 원본 사이즈가 나타납니다. 네이버 블로그의 가로 길이에 맞도록 '700'을 클릭해 사진의 가로 사이즈를 조절합니다. 그리고 [자르기, 회전] ◪ 메뉴를 클릭합니다.

Plus Tip

원하는 가로 너비를 선택해 사진의 크기를 변경하거나 '직접 입력'으로 변경할 크기를 자유롭게 변경할 수 있습니다. 한 장씩 사진 크기를 변경할 수도 있고, 여러 장일 경우 한꺼번에 동시에 변경할 수도 있습니다.

03 마우스로 사진의 크기 조절점을 드래그해서 원하는 크기로 자릅니다.

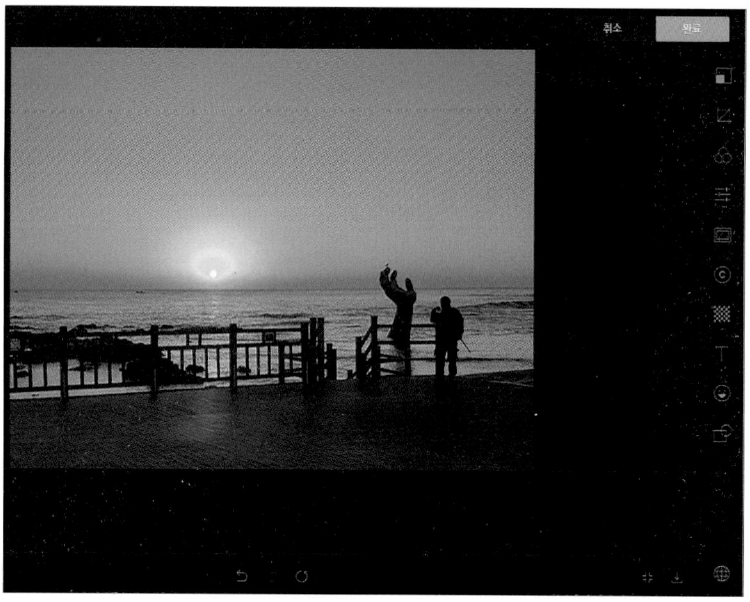

04 [적용]을 클릭 후 [완료]를 클릭합니다.

Plus Tip

사진 우측의 각도기를 드래그하여 기울어진 사진의 수평을 맞출 수 있습니다. 각도기 옆의 [자동 수평]을 클릭하면 비뚤어진 사진의 수평을 자동으로 맞출 수 있습니다.

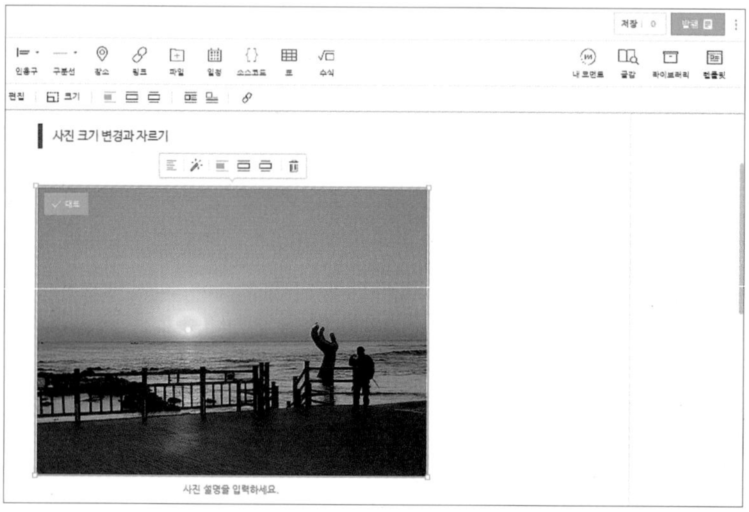

05 [완료]를 클릭하면 글을 작성하고 있던 에디터 화면으로 돌아옵니다. 사진 아래를 클릭하고 Enter 를 두 번 누릅니다.

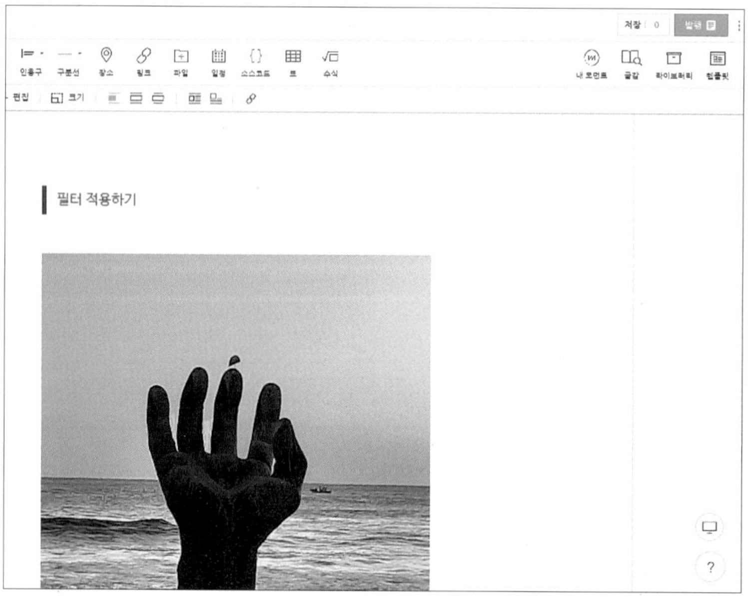

06 '필터 적용하기'를 입력하고 Enter 를 두 번 누른 후 '09-02.jpg' 이미지를 삽입한 다음, 이미지를 더블클릭하여 포토에디터 화면으로 들어갑니다.

07 [필터] 🔵 를 눌러 'clear'를 선택해서 적용한 후, [보정] 메뉴를 클릭합니다.

Plus**Tip**

원하는 필터를 클릭해서 적용했을 때 왼편의 원본 이미지를 마우스로 눌러보면 원본과 필터 적용 후의 모습을 비교해볼 수 있습니다.

08 밝기를 '15', 선명도를 '10'으로 조정한 후 [완료]를 클릭합니다.

09 편집한 사진 아래에서 Enter 를 두 번 누른 후 '여러 사진 콜라주로 불러오기'를 입력하고 Enter 를 두 번 누릅니다.

01 '09-03~09-05.jpg' 이미지를 본문에 한꺼번에 불러옵니다. 이렇게 여러 장의 사진을 불러오면 사진 첨부 방식을 고르라는 창이 나타나고 여기에서 '콜라주' 방식을 클릭해 선택합니다.

02 삽입된 사진의 크기는 [문서너비]를 눌러 문서 너비에 맞게 변경해줍니다.

03 하단에 크게 나타나는 '09-05.jpg' 이미지는 우측 상단의 휴지통 아이콘을 눌러 삭제합니다.

04 삽입한 사진 아래의 사진 설명 부분에는 '포항 호미곶 일출'을 입력합니다.

05 편집한 사진 아래에서 Enter 를 두 번 누른 후 '사진에 액자효과 주기와 서명하기'를 입력하고, Enter 를 두 번 누른 후 삭제했던 '09-05.jpg' 사진을 삽입합니다.

06 포토에디터로 들어와 [액자] ▣ 메뉴를 클릭하여 마음에 드는 액자 효과를 적용해준 후 [서명] ⓒ 메뉴를 클릭합니다.

07 '서명 방식'에서 [텍스트] 를 클릭하면 자동으로 블로그의 주소가 입력됩니다.

Power Upgrade

서명은 이미지, 텍스트, 탬플릿 형태로 만들 수 있고, 한 번에 하나씩만 선택할 수 있습니다.

이미지 서명 : 400 x 200px, 200kb 이하 이미지를 첨부하여 서명으로 사용합니다.

텍스트 서명 : 국문 최대 21자, 영문 42자의 텍스트를 입력할 수 있습니다.

탬플릿 서명 : 10종의 탬플릿 중 원하는 디자인을 선택한 후, 글자를 입력하여 사용합니다. 탬플릿 디자인 및 색상은 자유롭게 변경할 수 있습니다.

08 편집한 사진 아래에서 Enter 를 두 번 누른 후 '사진에 글자 효과주기'를 입력합니다. 이어서 Enter 를 두 번 누른 후 '09-06.jpg' 사진을 삽입합니다.

09 포토에디터로 들어와 [텍스트] ⊤ 메뉴를 선택하여 아트 타이포 중 첫 번째 항목을 사진에 삽입합니다. 이어서 '포항 호미곶 해맞이 광장 상생의 손'을 입력 후 마우스로 오른쪽 아래로 드래그하여 배치합니다.

10 스크롤바를 아래로 내려 [말풍선]에서 원하는 말풍선을 선택하여 사진에 삽입 후 내용을 입력하고 [완료]를 클릭합니다.

11 편집한 사진 아래에서 Enter 를 두 번 누른 다음, '사진에 마스크 적용하기'를 입력 후 Enter 를 두 번 누르고 '09-07.jpg' 사진을 삽입합니다.

12 포토에디터로 들어와 [마스크] 🗗 메뉴를 클릭하여 가장 마지막 마스크 모양을 선택하여 적용합니다. 마우스로 네모 박스를 드래그하여 등대가 마스크의 가장 중간에 들어가도록 한 후 [적용]을 누르고 [완료]를 클릭합니다.

13 본문에 마스크 이미지가 삽입되면 자동으로 나타나 있는 컨텍스트 메뉴에서 [작게]를 클릭한 후 완성한 글을 [발행]합니다.

MEMO

1

9장에서 발행한 글에 대해 수정하기를 누르고 '09-01.jpg' 사진 밑에 '09-08.jpg'사진을 삽입해보세요.

2

포토에디터에 들어와 삽입한 이미지를 자르기 해보세요.

3

자른 사진에 'Lovely' 필터를 적용해보세요.

1) 본문에 삽입한 '09-02.jpg' 사진에 [blank] 필터를 적용하고, 채도 슬라이드를 오른쪽 끝까지 드래그해서 흑백 이미지로 만들어보세요.

2) 내 본문에 '09-05.jpg' 이미지를 삽입하고, [서명] 메뉴를 클릭하여 마음에 드는 [템플릿]을 골라 이미지에 삽입해보세요.

3) 마스크를 적용한 '09-06.jpg' 이미지 옆에 '09-05.jpg' 이미지를 삽입하여 포토에디터로 마스크를 적용시켜 나란히 배열한 후 [문서너비]로 이미지의 가로 사이즈를 변경해보세요.

10 캡처 기능 활용하여 글 발행하기

이번 장에서는 캡처한 이미지를 활용하여 블로그에 글을 쓰고 발행하는 방법을 알아보겠습니다.

Preview

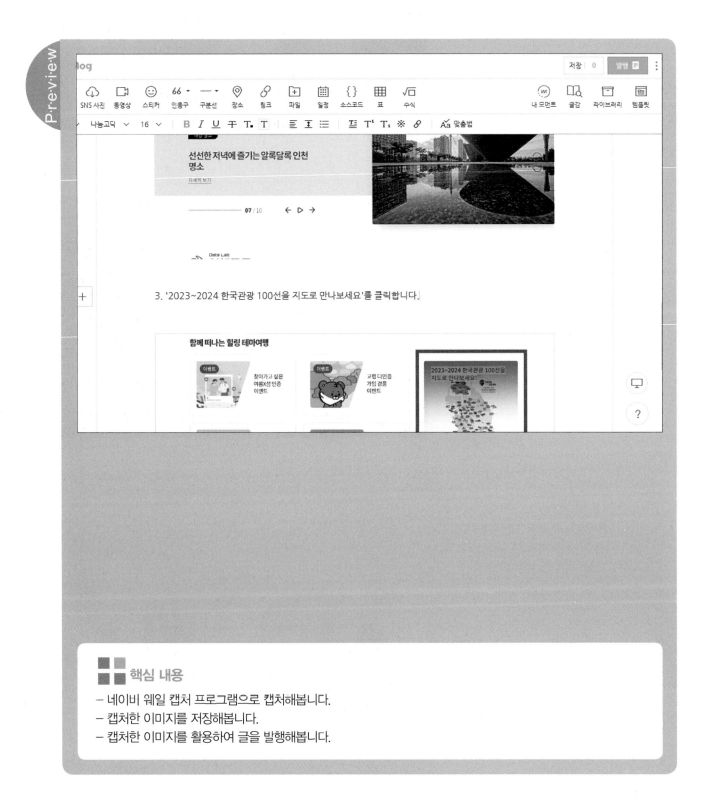

핵심 내용

– 네이비 웨일 캡처 프로그램으로 캡처해봅니다.
– 캡처한 이미지를 저장해봅니다.
– 캡처한 이미지를 활용하여 글을 발행해봅니다.

네이버 웨일 캡처 프로그램으로 캡처하기

01 네이버 웨일 브라우저를 이용하여 네이버에 접속한 다음, '대한민국 구석구석'을 검색하고 오른쪽 상단의 툴바에서 캡처 [◉]를 클릭하여 [직접지정] 을 선택합니다.

Plus **T**ip

네이버 웨일 브라우저에는 캡처 기능이 포함되어 있어, 편리하게 캡처가 가능합니다. 크롬이나 엣지 등 다른 인터넷 브라우저를 사용할 경우에는 알캡처나 픽픽 등 다른 캡처 프로그램을 사용해도 됩니다.

02 원하는 영역을 마우스로 드래그해 캡처합니다.

Power Upgrade

캡처(capture)란?

캡처란 원하는 화면을 사진으로 저장할 수 있는 기능입니다. 네이버 웨일 캡처 기능에는 직접지정, 영역선택, 전체페이지, 전체화면의 4가지 방법이 있습니다.

1. **직접지정** : 마우스 드래그로 원하는 영역을 자유롭게 지정해 캡처하는 기능입니다.
2. **영역선택** : 웹 페이지의 HTML 요소를 영역으로 선택해 캡처할 수 있습니다. 영역을 클릭하는 대신 원하는 영역을 마우스 드래그하면 '직접지정'과 동일하게 캡처할 수 있습니다.
3. **전체페이지** : 스크롤해야 볼 수 있는 영역을 포함해 웹 페이지의 전체 내용을 캡처할 수 있는 기능입니다.
4. **전체화면** : 현재 모니터 화면에 보이는 모습 그대로 캡처할 수 있는 기능입니다.

캡처한 이미지는 jpg와 png중 선택해서 저장할 수 있습니다. 캡처 결과는 내 PC에 저장, 이미지로 검색, MYBOX에 저장, 스크랩북에 추가 등을 선택하여 활용할 수 있습니다.

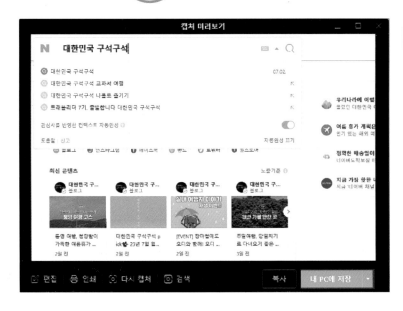

01 [캡처 미리보기] 창이 나타나면 [내PC에 저장]을 클릭합니다.

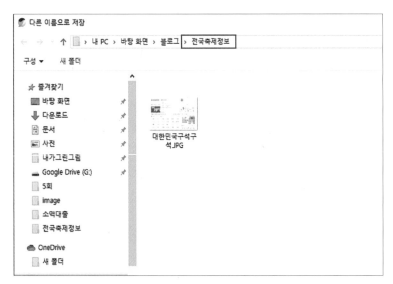

02 [다른 이름으로 저장] 대화상자가 나타나면 원하는 폴더를 만들어 '대한민국 구석구석'이라는 파일명으로 저장합니다. 여기에서는 [전국축제정보] 폴더를 만들어 저장하였습니다.

01 이번에는 설명하고자 하는 부분에 빨간 도형으로 표시를 해보도록 하겠습니다 캡처를 한 상태에서 좌측 하단의 편집 메뉴를 클릭합니다.

02 [도형,라인] 메뉴를 클릭하면 하단에 세부 메뉴들이 나타납니다.

03 하단에 서브 메뉴가 나타나면 [모양 선택]을 클릭합니다.

04 사각형, 원, 선, 화살표 중 '사각형'을 클릭하여 선택합니다.

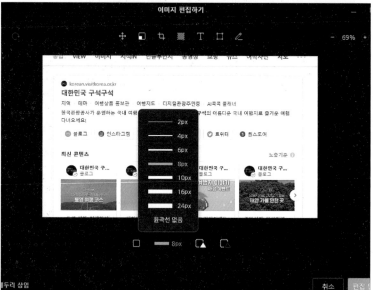

05 윤곽선 굵기는 8px로 선택합니다.

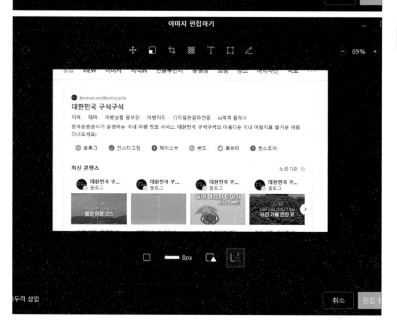

06 윤곽선[ ]을 클릭합니다.

07 윤곽선의 색상팔레트가 나타나면 빨간
색(#f60f26)을 클릭해 선택합니다.

08 마우스로 원하는 부분을 도형으로 그
려 표시하여 캡처한 후 [편집 완료]를
클릭합니다.

09 [내 PC에 저장]을 클릭하고 캡처한 이
미지를 만들어 놓은 '전국축제정보' 폴
더에 저장합니다.

10 '대한민국 구석구석'으로 검색하여 사이트에 접속합니다.

11 홈 화면을 캡처한 후 '홈'에 사각형 도형을 그린 다음, [내 PC에 저장]을 클릭하고 '전국축제정보' 폴더에 저장합니다.

12 홈 화면에서 스크롤바를 '2023~2024 한국관광 100선을 지도로 만나보세요'가 있는 곳까지 아래로 내립니다.

13 '2023~2024 한국관광 100선을 지도로 만나보세요' 이미지에 사각도형을 그려 캡처한 후 '전국방방곡곡' 폴더에 저장합니다.

따라하기 04 글 발행하기

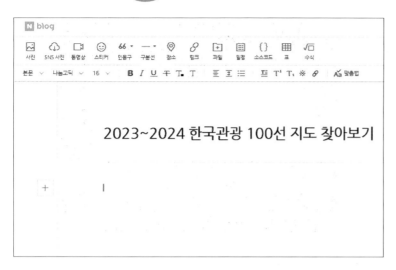

01 내 블로그 글쓰기에 들어가 '2023~2024 한국관광 100선 지도 찾아보기'를 제목으로 입력합니다.

02 [사진] 메뉴를 클릭하여 나타난 대화상자에서 Shift 를 누른 상태에서 예제 파일'10-01~03.jpg'의 3개 이미지 파일을 한꺼번에 선택하고 [열기]를 클릭하면 [아래와 같은 창이 나타납니다. 여기에서 [개별사진] 방식으로 본문에 삽입합니다.

Plus**T**ip

사진을 하나씩 삽입하면서 글을 입력해도 되지만 한꺼번에 사진을 입력한 후 관련된 사진에 글을 입력하면 편리합니다.

03 첫 번째 사진에 화면과 같이 내용을 입력합니다.

04 두 번째 이미지 아래에서 `Enter` 를 다섯 번 누른 후 `Back Space` 를 두 번 눌러 두 번째 이미지 사이의 중간에 화면과 같이 내용을 입력합니다.

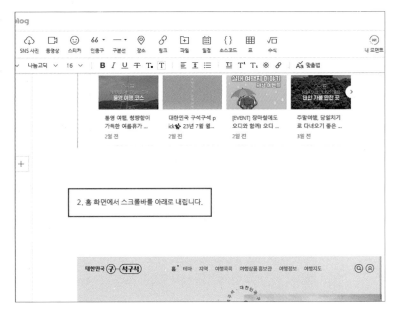

05 세 번째 이미지 아래에서 `Enter` 를 다섯 번 누른 후 `Back Space` 를 두 번 눌러 두 이미지 사이의 중간에 화면과 같이 내용을 입력한 후 글을 발행합니다.

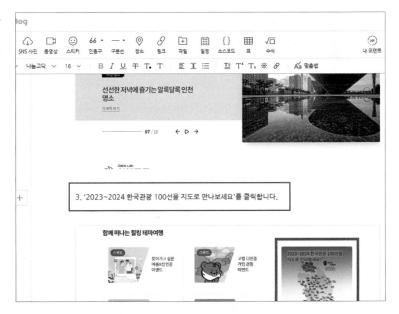

1

인터넷을 실행한 후 '국립공원'을 검색해 화면을 캡처하고 '국립공원-KOREA NATIONAL PARK' 부분을 도형으로 표시한 후 저장해보세요.

2

홈 화면을 캡처한 후 [국립공원 바로가기]에서 [설악산]을 도형으로 표시한 다음, 저장해보세요.

3

[설악산국립공원]의 화면을 캡처한 후 저장해보세요.

1) 내 블로그의 글쓰기에 들어온 후 '국립공원 홈페이지에서 원하는 국립공원 찾는 방법'으로 제목을 입력하고 예제파일 10-04~06.jpg 이미지를 [개별사진]으로 삽입해 보세요.

2) 첫 번째 이미지 위에 내용을 입력해 보세요.

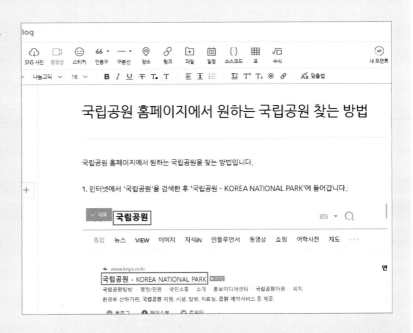

3) 두 번째, 세 번째 이미지 위에 내용을 입력한 후 '#국립공원, #국립공원홈페이지'를 태그로 입력하고 '♣자유게시판'을 카테고리로 지정하여 글을 발행해보세요.

11 첨부 파일 추가 및 링크 걸기

독자에게 파일을 전달하고 싶다거나 할 때 첨부 파일을 삽입하여 글을 발행할 수 있습니다. 또한 이미지나 유튜브 영상에 링크를 사용하여 글을 발행하는 방법도 알아보겠습니다.

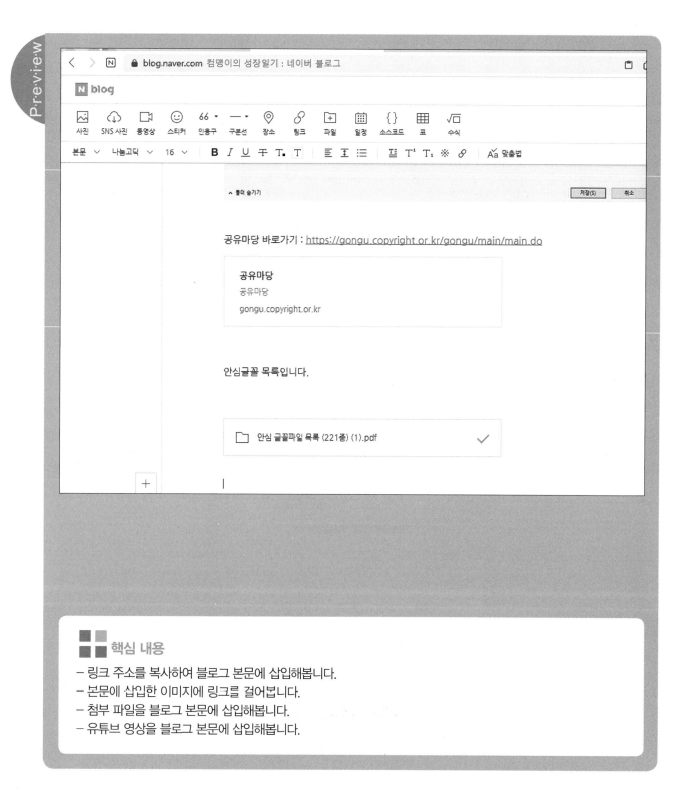

핵심 내용

- 링크 주소를 복사하여 블로그 본문에 삽입해봅니다.
- 본문에 삽입한 이미지에 링크를 걸어봅니다.
- 첨부 파일을 블로그 본문에 삽입해봅니다.
- 유튜브 영상을 블로그 본문에 삽입해봅니다.

01 무상으로 제공되는 글꼴을 내 블로그에 찾아온 독자들이 다운받을 수 있도록 해보겠습니다. 네이버에서 '공유마당'을 검색하여 '공유마당' 사이트에 들어간 후 [안심 글꼴 파일 서비스]를 클릭합니다.

02 스크롤바를 아래로 내려서 [안심글꼴 한번에 내려받기]를 클릭한 후 [파일 다운로드] 대화상자가 나타나면 [다른 이름으로 저장]을 선택하여 원하는 경로에 저장합니다.

03 해당 화면의 사이트 주소를 클릭하여 블록으로 지정한 후 오른쪽 마우스를 클릭하여 복사합니다.

따라하기 02 본문에 링크를 걸어 블로그 글 발행하기

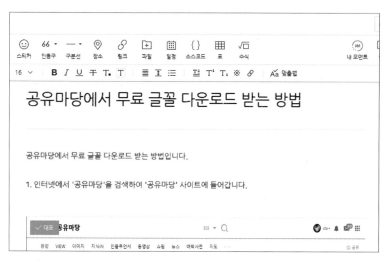

01 블로그 글쓰기로 들어와 화면과 같이 제목을 입력 후 [사진] 메뉴를 클릭하고 예제파일 11-01~11-05.jpg 파일을 개별 사진으로 본문에 삽입합니다.

02 첫 번째 이미지 아래에서 [Enter]를 다섯 번 누른 후 [Back Space]를 두 번 눌러 두 번째 이미지 사이의 중간에 '2. 공유마당 홈페이지에서 [안심글꼴파일 서비스]를 클릭합니다.'라는 내용을 입력합니다.

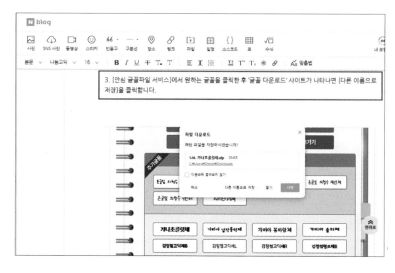

03 두 번째 이미지 아래에서 [Enter]를 다섯 번 누른 후 [Back Space]를 두 번 누른 뒤 '3. [안심 글꼴파일 서비스]에서 원하는 글꼴을 클릭한 후 '글꼴 다운로드' 사이트가 나타나면 [다른 이름으로 저장]을 클릭합니다.' 라는 내용을 입력합니다.

04 세 번째 이미지 아래에서 Enter 를 다섯 번 누른 후 Back Space 를 두 번 누른 뒤 '4. 원하는 곳에 다운로드 받아 압축을 푼 후 사용하면 됩니다.' 라는 내용을 입력합니다.

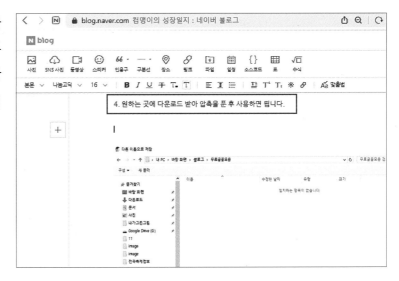

05 네 번째 이미지 아래에서 Enter 를 두 번 누른 후 '공유마당 바로가기 : '를 입력하고 복사해 둔 페이지 주소를 붙여넣기 한 후 Back Space 를 누르면 내용 입력과 함께 링크 컴포넌트가 생성됩니다.

PlusTip

외부 링크는 외부 사이트의 글이나 이미지, 동영상, 콘텐츠의 형태로 문서에 첨부할 수 있는 기능입니다. 블로그 본문에 외부 링크를 추가하는 방법은 기본 도구 메뉴 중 [링크 기능] 𝒪을 사용하거나, 본문에 해당 사이트의 URL 주소를 입력하면 됩니다.

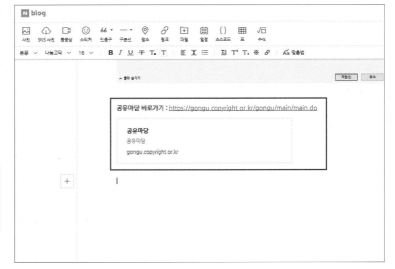

Power Upgrade

본문에 링크를 직접 입력하거나 붙여넣기 하면 해당 사이트의 URL 주소와 함께 해당 사이트의 작은 배너 이미지 형식으로 링크 컴포넌트가 자동으로 생성됩니다. 만약, URL만 표시하고 싶다면 생성된 링크 컴포넌트를 삭제하면 됩니다.

네이버에서 지원되는 외부 링크 목록은 동영상 타입, 피드 타입, 기타 형태가 있습니다.
동영상 타입 : 네이버TV, 유튜브, 비메오, 페이스북 비디오
피드 타입 : 페이스북, 트위터, 인스타그램
기타 : 사운드클라우드, 슬라이드쉐어

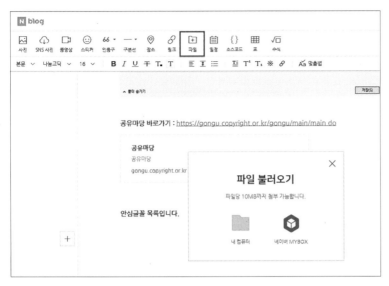

01 링크 컴포넌트 아래에 '안심글꼴 목록입니다.'를 입력한 후 Enter 를 두 번 누르고 [파일] ⊞ 메뉴를 클릭하면 [파일 불러오기] 창이 열립니다.

Power Upgrade

블로그 본문에 업로드 가능한 파일 개수는 최대 20개입니다. 업로드 용량은 파일당 10MB이고, 용량이 초과될 경우 업로드가 되지 않습니다. 또한, 저작권 침해 혹은 악성코드에 해당하는 첨부 파일은 다른 사용자에게 노출이 되지 않습니다.

블로그 본문에 업로드할 파일은 [내컴퓨터] 혹은 [네이버MYBOX]에서 불러와서 첨부할 수 있습니다. 네이버 MYBOX 기능을 사용하면 핸드폰으로 촬영한 사진들이나 핸드폰에 있는 파일들도 블로그 본문에 첨부할 수 있습니다.

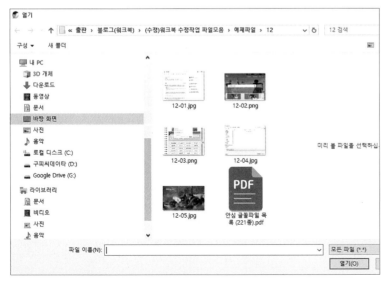

02 [파일 불러오기] 대화상자가 나타나면 저장해 둔 '안심 글꼴파일 목록(221종).pdf '를 클릭합니다.

03 파일이 본문에 첨부되면 글을 발행합니다.

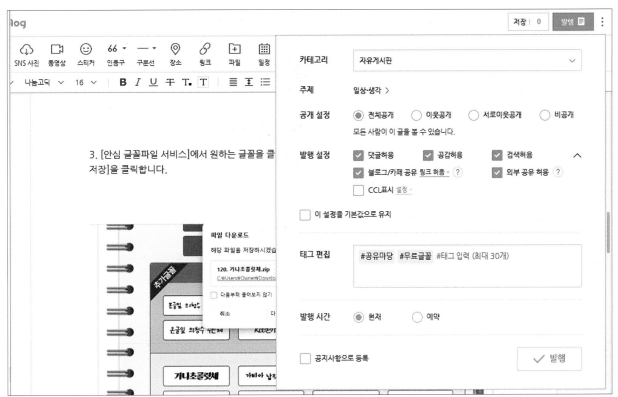

기초문제

1

[공유마당]에 들어간 후 홈 화면에서 현재 배경 화면 이미지를 다운로드 [바로가기]를 클릭해 보세요.

2

해당 이미지 아래의 저작물에 대한 안내문을 자세히 살펴보세요.

· **저작물명**	:	바다로!(FC160890)
· **저작(권)자**	:	**최문석 (저작물 80 건)**
· **출처**	:	한국저작권위원회
· **이용조건**	:	기증저작물 자유이용
· 공표년도	:	
· 창작년도	:	
· 분류(장르)	:	사진
		UCI G905-13049578 ❓
· 요약정보	:	바다로!(FC160890)
· 저작물 파일 유형	:	
· 이미지저작물 해상도	:	2728 * 1830
· 저작물 속성	:	1 차 저작물

3

공유 저작물의 동의에 클릭하여 동의한 후 [공유저작물 다운로드]를 클릭하여 이미지를 다운로드해보세요.

1) 공유마당의 홈 화면에서 [현재 배경 화면 이미지를 다운로드 바로가기]를 클릭해 해당 화면에 들어온 후 해당 화면의 주소를 복사해 보세요.

2) 블로그의 글쓰기에 들어와 자유롭게 제목과 본문 내용을 입력한 다음, 복사한 URL을 입력한 후 Enter 를 눌러 외부 링크 컴포넌트를 생성해 보세요.

3) 예제파일 11-06.jpg를 첨부파일로 본문에 첨부한 후 글을 발행해 보세요.

12 미리캔버스를 이용하여 내 블로그에 배너 달기

배너란 클릭하면 링크를 걸어놓은 사이트로 직접 이동할 수 있게 해주는 이미지입니다. 이 장에서는 이미지 편집 사이트인 미리캔버스를 이용하여 내 블로그에 배너를 다는 방법을 알아보도록 하겠습니다.

Preview

NAVER 블로그	컴맹이의 성장일지		이 블로그에서 검색

30 31

TODAY	4
TOTAL	4

2023~2024 한국관광 100선 지도 찾아보기

< 이전

pixabay

:: 핵심 내용

– 미리캔버스로 배너 이미지를 제작해봅니다.
– 링크 주소와 이미지 주소를 복사해봅니다.
– 내 블로그에 제작한 이미지를 활용하여 배너 위젯을 달아봅니다.

01 배너 이미지를 만들기 위해 네이버 웨일 브라우저를 실행시킨 후 [픽사베이]를 검색해 접속한 다음, 첫 화면에서 네이버 웨일의 [캡처] 🔘 메뉴를 클릭합니다.

PlusTip

무료 이미지 사이트인 픽사베이(pixabay)에서 시간 나는 대로 무료 사진이나 영상, 음악 등을 다운로드하여 자료를 만들어두면 블로그 운영할 때 편리합니다.

02 pixabay의 로고 부분을 캡처합니다.

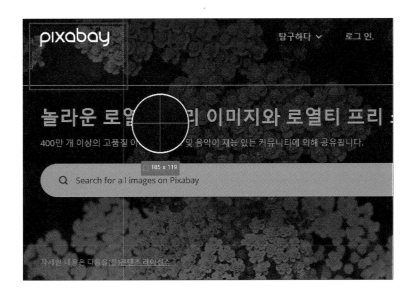

03 [캡처 미리보기] 창이 나타나면 [내 PC에 저장]을 클릭하여 캡처한 이미지를 원하는 위치에 저장합니다.

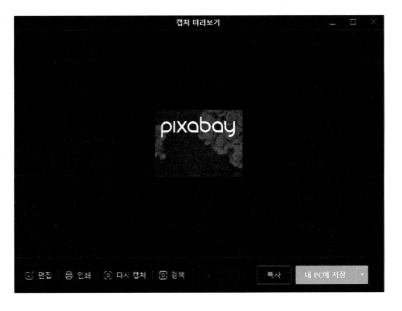

01 미리캔버스에 로그인하여 이미지 사이즈를 170×60으로 설정합니다.

Plus Tip

로그인을 하지 않으면 작업이 진행되지 않으므로 회원이 아니면 미리캔버스에 회원 가입부터 해야 합니다.

02 [업로드] 메뉴를 클릭합니다.

03 저장해놓은 배너 이미지를 업로드합니다. 저장해놓은 이미지가 없다면 예제 파일 '12-01.jpg'이미지를 사용합니다.

04 배너 이미지의 크기를 설정한 배너 이미지 사이즈에 맞추어 조절합니다.

05 완성한 배너 이미지의 파일 형식을 jpg로 하여 [고해상도 다운로드]를 클릭합니다.

06 원하는 위치에 배너 이미지 파일을 다운로드 받아 저장합니다. 이때 파일명은 '픽사베이'로 합니다.

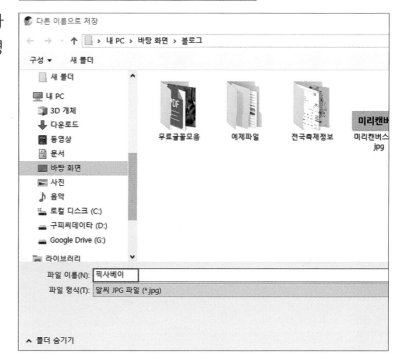

01 픽사베이 사이트에 접속해서 주소를 복사합니다.

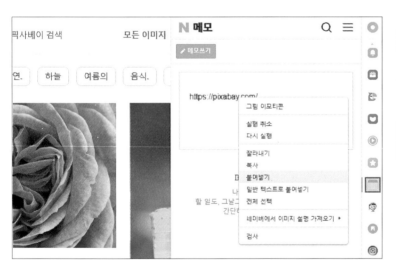

02 [웨일 브라우저의 오른쪽 사이드바에 있는 [네이버 메모] 📋 를 클릭하고 붙여넣기 합니다.

PLUS TIP

다른 브라우저를 사용 중이라면 메모장이나 한글 프로그램에 붙여 놓기 해두어도 됩니다.

03 내 블로그의 글쓰기에 들어가서 '픽사베이 배너 이미지'란 제목을 입력 후 본문에 배너 이미지를 넣어 발행합니다.

04 발행된 배너 이미지에서 오른쪽 마우스를 클릭한 후 [이미지 주소 복사]를 선택하여 이미지 주소를 복사합니다.

05 네이버 메모에 복사한 이미지 주소를 붙여넣기 한 후 [저장하기]를 클릭해서 저장합니다. 이어서 블로그 아무 곳이나 클릭하여 네이버 메모를 접기하여 화면을 가리지 않게 합니다.

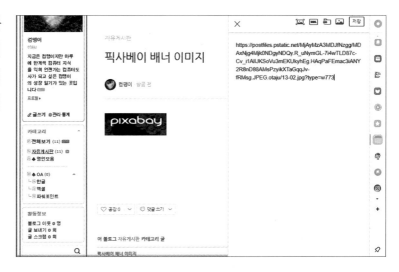

01 내 블로그의 [내메뉴]-[세부 디자인 설정]을 클릭합니다.

02 리모콘 창에서 [레이아웃 변경]을 클릭합니다.

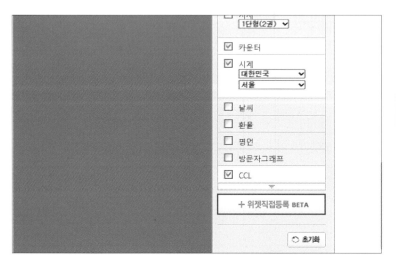

03 [위젯 사용 설정]의 [위젯직접등록]를 클릭합니다.

Plus**T**ip

배너란 클릭하면 링크를 걸어놓은 사이트로 직접 이동할 수 있게 해주는 작은 사이즈의 이미지를 말합니다.

04 네이버 웨일 사이드바에서 네이버 메모를 클릭하여 메모창을 열어놓습니다.

05 [위젯 직접 등록] 창에 '〈a href='을 입력 후 복사해놓은 픽사베이 사이트 주소를 붙여놓기 합니다. 이때 사이트 주소 앞과 뒤에는 쌍따옴표(")를 붙입니다.

PlusTip

네이버에서 지원하는 위젯의 최대 크기는 170×330 사이즈입니다. 네이버 블로그에는 최대 20개의 위젯 등록이 가능합니다.

06 이어서 target="_blank"〉〈img src=" 이미지경로"〉〈/a〉를 입력합니다. 여기에서 '이미지경로' 부분에는 복사해놓은 이미지 주소를 붙여넣기하면 됩니다.

07 [위젯 직접등록] 창에서 [미리보기]를 클릭해서 배너 이미지가 적용되었을 때의 모습을 확인합니다. '위젯명'에 '픽사베이 배너'로 입력하고 [등록]을 클릭합니다.

08 정상적으로 반영되었다는 메시지 창이 나타나면 [확인]을 클릭합니다.

09 픽사베이 배너가 추가되었습니다. [미리보기]로 확인 후 [적용]을 클릭합니다.

10 레이아웃을 블로그에 적용하겠느냐는 메시지 창이 나타나면 [확인]을 클릭합니다.

admin.blog.naver.com 내용:

레이아웃을 블로그에 적용하시겠습니까?

확인   취소

05 내 블로그에 생성된 배너를 눌러서 해당 사이트로 잘 이동하는지 확인해봅니다.

1

미리캔버스에 접속해 배너 이미지 사이즈를 170px×60px로 설정해보세요.

2

[테마]―[테마 색상] 메뉴에 들어가서 배너 이미지의 배경색을 마음에 드는 색으로 적용해보세요.

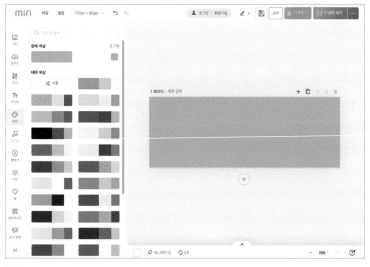

3

'미리캔버스' 텍스트를 넣어 배너 이미지를 완성 후 저장하여 다운로드 받아보세요.

1) 완성한 배너 이미지를 내 블로그에 발행 후 [이미지 주소 복사]를 해보세요.

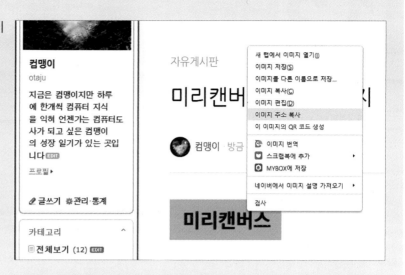

2) [위젯직접등록]에 직접 만든 배너를 등록해보세요.

3) 블로그에 적용된 배너를 클릭해서 링크 사이트로 원활하게 들어가지는지 확인해보세요.

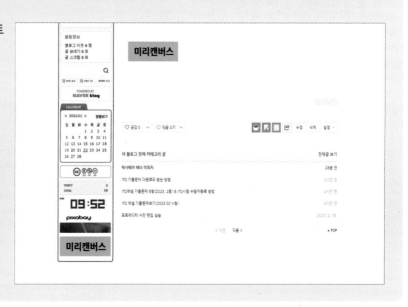

13 동영상 제작하여 블로그에 올리기

이번 장에서는 파워디렉터라는 비디오 편집 프로그램을 이용해서 동영상을 편집하고 저장하는 방법과, 동영상을 블로그에 넣어 발행하는 방법을 알아보도록 하겠습니다.

Preview

핵심 내용

– 파워디렉터 프로그램을 다운로드 받아 설치해봅니다.
– 파워디렉터 프로그램으로 영상을 제작해봅니다.
– 제작한 동영상을 넣어 글을 발행해봅니다.

따라하기 01 파워디렉터 프로그램 다운받아 실행하기

01 네이버에서 '파워디렉터'를 검색하여 접속한 다음, 'Windows' 버전임을 확인하고 [무료 다운로드]를 클릭합니다.

PlusTip

파워디렉터는 CyberLink에서 개발한 동영상 편집 프로그램으로, 초보자부터 전문가까지 편리하게 영상을 편집/제작할 수 있습니다. 블로그에 동영상이 있으면 일반 검색과 동영상 검색에 같이 노출될 수 있어 검색 시 노출 확률이 높아집니다.

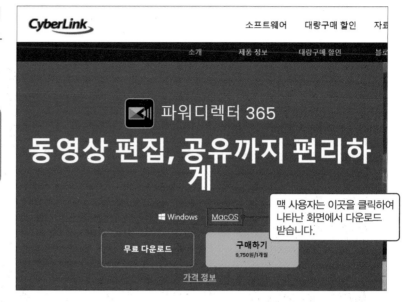

02 다운로드가 완료되면 파일을 실행하여 설치합니다. '설치 완료'가 나타나면 [PowerDirector 실행]을 클릭합니다.

03 [PowerDirector 365] 화면이 나타나면 [새 프로젝트]를 클릭합니다.

PlusTip

파워디렉터 모바일 앱으로도 영상을 제작할 수 있습니다.

'파워디렉터365' 프로그램의 화면 구성과 주요 기능에 대해서 알아보겠습니다.

① 메뉴

파워디렉터에서 사용하는 기능을 모아 놓은 곳입니다.

② 빠른 실행 도구모음

자주 사용하는 기능들을 모아놓은 것입니다.

③ 미디어 보기

비디오, 사진, 음악 파일만 골라서 볼 수 있습니다.

④ 룸 메뉴

파일 가져오기, 각종 효과, 자막, 타이틀 등의 기능을 실행할 수 있습니다.

⑤ 라이브러리 창

영상을 만들 수 있는 각종 파일들이 있는 곳입니다.

⑥ 라이브러리 미리보기 창

라이브러리 창에서 선택한 파일의 미리보기 창입니다.

⑦ 프로젝트 미리보기 창

편집 중인 영상의 결과를 확인할 수 있는 창입니다.

⑧ 트랙 삽입 도구

선택한 트랙을 타임라인으로 이동시켜주는 도구입니다.

⑨ 시간 표시 막대

영상이 재생되는 시간을 나타내주는 곳입니다.

⑩ 타임라인 편집 작업 영역

영상을 편집하는 창입니다. 영상, 소리, 자막, 효과 등의 작업을 하는 곳입니다.

01 [라이브러리 창]에서 오른쪽 마우스를 클릭하여 [미디어 파일 가져오기]를 클릭합니다. 프로젝트 미리보기 창을 보다 넓게 보기 위해서 라이브러리 미리보기 창 오른쪽 상단의 (×)를 눌러 닫습니다.

02 예제파일 '13-01.mp4', '13-02.mp4' 영상을 선택한 후 [열기]를 클릭해서 라이브러리 창에 가져옵니다.

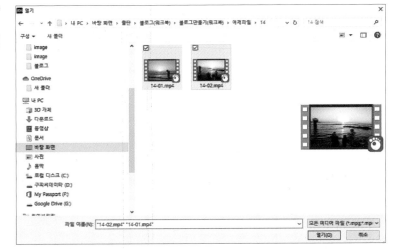

03 라이브러리 창에 추가한 '14-01.mp4', '14-02.mp4' 영상을 마우스를 이용해서 타임라인으로 드래그해 줍니다.

04 영상과 오디오가 들어간 영상에 대해 [재생] ▷ 버튼을 눌러 확인해봅니다.

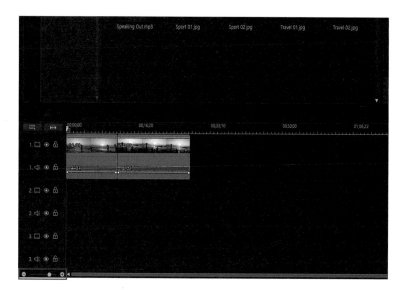

05 왼쪽 맨아래에 있는 [트랙 확대/축소] ◀━━●━━▶ 의 슬라이더를 오른쪽으로 드래그하거나 확대(+) 표시를 클릭해서 트랙을 확대합니다.

Plus Tip

세밀한 편집 작업을 할 때는 트랙을 확대하는 것이 좋고, 전체적인 작업을 할 때는 트랙을 축소하여 작업하면 편합니다.

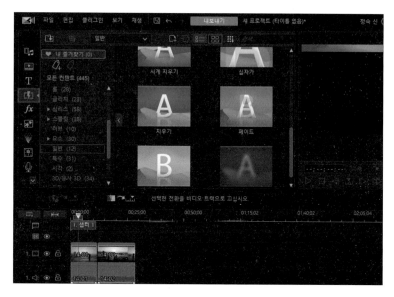

06 두 영상이 자연스럽게 이어지도록 하기 위해 [전환룸] 🔀 을 선택한 후 [페이드] 효과를 클릭합니다.

07 마우스를 이용하여 페이드 효과를 두 영상 사이에 드래그하여 놓습니다.

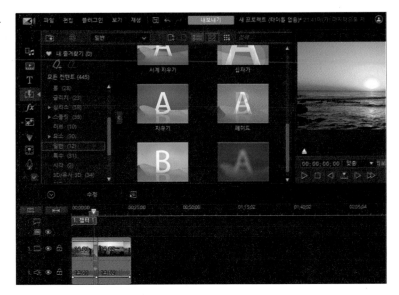

08 영상에 멋진 제목을 만들기 위해 [타이틀룸] **T** 을 클릭합니다.

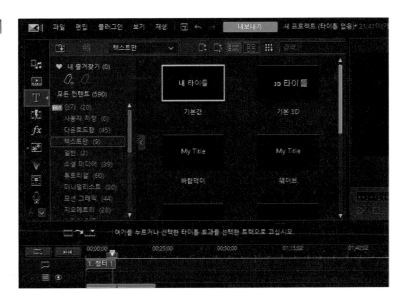

09 모든 컨텐트에서 마음에 드는 스타일을 클릭한 후 [클로버_03]을 트랙 2에 드래그하여 놓습니다.

10 'Title Here'을 마우스로 드래그하여 블록으로 지정한 후 삭제하고, '포항 호미곶 일출'을 입력하여 적당한 위치로 드래그하여 놓습니다. 아래에 있는 작은 타이틀은 클릭하여 선택한 후 Del 를 눌러 삭제합니다.

11 2번 트랙에 삽입된 타이틀을 더블클릭하면 [타이틀 디자이너]에 들어와집니다. 타이틀 디자이너의 왼편 [문자 사전 설정]에서 마음에 드는 스타일을 골라 클릭한 후 [확인]을 눌러 타이틀에 적용시킵니다.

12 [재생]을 눌러 타이틀이 들어간 영상을 확인합니다.

01 타이틀이 재생되는 시간을 줄여보겠습니다. 2번 트랙의 타이틀 오른쪽 끝을 마우스로 왼쪽으로 드래그하여 타이틀이 재생되는 시간을 줄여 조절합니다. 이어서 제일 위의 메뉴 옆에 있는 [내보내기] 메뉴를 클릭합니다.

02 [다른 위치로 내보내기]의 출력 폴더 [설정] ■■ 을 클릭합니다.

03 [다른 이름으로 저장] 대화상자가 나타나면 원하는 위치를 지정하여 [저장]한 후, [시작] ▶ 시작 을 클릭하면 영상이 제작되기 시작합니다. 영상이 완료되면 [파일 위치 열기]를 클릭하여 파일을 확인 후 파워디렉터 프로그램을 닫습니다.

PLUS TIP

파워디렉터를 무료로 사용하므로 완성된 영상에 파워디렉터 워터마크가 나타납니다. 유료로 사용할 경우 파워디렉터 워터마크 없이 영상을 제작할 수 있습니다.

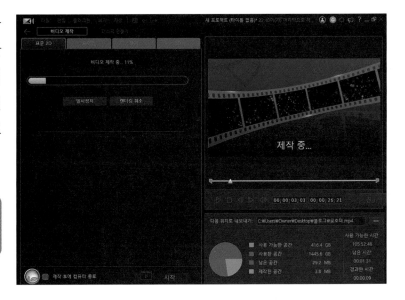

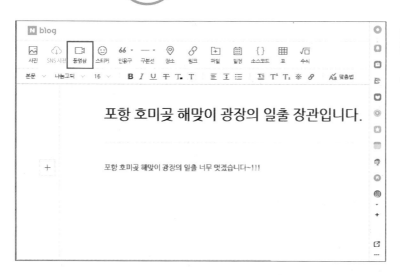

01 내 블로그 글쓰기에 들어와 아래와 같이 제목과 내용을 입력한 후 기본 도구 메뉴에서 [동영상] ▭ 을 클릭합니다.

02 [동영상 추가]를 클릭합니다. [열기] 창이 나타나면 예제파일 '13-03.mp4' 영상을 클릭한 후 [열기]를 클릭합니다.

03 [동영상 업로드] 창이 나타나면 대표 이미지를 클릭하여 선택하고, 제목을 입력한 후 [완료]를 클릭합니다.

PlusTip

[정보]에는 간단한 영상에 대한 소개를 입력하고, [태그 편집]에서 태그도 넣어서 발행해주면 더 좋습니다.

04 영상이 본문에 삽입되면 완성한 글을 발행해줍니다.

1

실습하여 발행한 글에 입력된 동영상을 재생해보세요.

2

파워디렉터를 실행하고 '13-04.mp4'를 불러와 타임라인에 배치해보세요.

3

트랙을 확대해보고 영상을 재생해보세요.

1) 파워디렉터를 이용하여 '13-04.mp4' 파일을 타임라인에 배치하고 즐거운 라이딩으로 타이틀을 만들어보세요.

2) 완성한 영상을 제작해보세요.

3) 내 블로그에서 글쓰기로 들어와 제목과 본문글을 작성 후 제작한 영상을 본문에 삽입해 글을 발행해보세요.

14 스마트폰으로 블로그 글쓰기

이번 장에서는 스마트폰으로 블로그에 간편하게 글을 발행하는 방법을 배워보겠습니다. 블로그 앱을 활용하면 PC가 없는 장소에서도 언제 어디서나 글 발행과 확인이 가능합니다.

 핵심 내용

- 스마트폰에 네이버 블로그 앱을 설치해봅니다.
- 모바일에서 커버 스타일을 변경해봅니다.
- 위치추가 및 서명을 넣어 모바일에서 글을 발행해봅니다.

01 앱스토이에서 '네이버블로그'를 검색해 '네이버블로그-Naver Blog'앱을 [설치]한 후 [열기]를 터치하여 네이버 블로그 앱을 실행합니다.

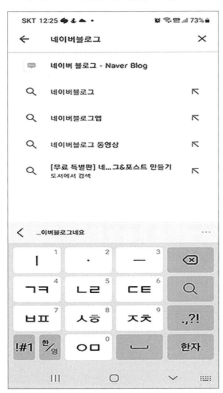

Plus Tip

네이버 블로그 앱을 바탕화면에 바로가기 아이콘으로 추가해놓으면 블로그를 관리하기가 훨씬 편리합니다.

네이버 블로그 앱의 화면구성을 알아보겠습니다.

PlusTip

블로그 앱을 열었을 때 위의 화면이 안나타나면 ⑫번 아이콘을 클릭하면 됩니다.

❶ 검색

네이버 전체 블로그에서 찾고 싶은 글을 검색하는 곳입니다.

❷ MY

내 블로그의 통계나 현재 현황을 볼 수 있는 곳입니다.

❸ 홈편집

커버 스타일, 블로그 제목, 프로필 변경, 편집 및 외부 채널과 링크를 걸 수 있는 곳입니다.

❹ 카테고리

블로그의 카테고리 내용을 볼 수 있고, 편집할 수 있는 곳입니다.

❺ 안부글

안부글 현황을 볼 수 있는 곳입니다.

❻ 이웃목록

내 블로그 이웃 현황을 볼 수 있고, 관리할 수 있는 곳입니다.

❼ 통계

내 블로그의 방문자 수나 조회수, 유입경로 등을 볼 수 있는 곳입니다.

❽ 이웃새글

이웃들의 새 글을 볼 수 있는 곳입니다.

❾ 추천

네이버에서 추천하는 블로그나 오늘의 동영상을 볼 수 있는 곳입니다.

❿ 글쓰기

글을 작성할 수 있는 곳입니다.

⓫ 내소식

이웃 신청 현황이나 공감, 댓글 등을 볼 수 있는 곳입니다.

⓬ 내블로그

어디에 있든 모바일 앱 첫 화면으로 오게 하는 기능입니다.

⓭ 공유하기

내 글을 카카오톡, 라인, 문자, 밴드로 공유할 수 있는 기능입니다.

따라하기 03 모바일에서 커버 스타일 변경해보기

01 [홈편집 ⚙] 메뉴를 터치한 후 [커버 스타일]을 터치합니다.

홈편집에서 [이미지 변경]을 누르면 직접촬영 또는 앨범에서 선택한 사진이나 네이버에서 제공하는 기본 커버 이미지로 커버 이미지를 변경할 수 있습니다.

02 총 8개의 커버 스타일 중 마음에 드는 스타일을 터치한 후 [확인]을 누르면 커버 스타일을 변경할 수 있습니다.

01 첫 화면에서 [글쓰기 ✎] 메뉴를 터치하여 나타난 글쓰기 화면의 제목에 '오늘의 명언 1'을 입력한 후 오른쪽에 있는 [사진추가 🖾]아이콘을 터치합니다.

02 제목의 배경화면으로 쓸 사진을 고른 후 [첨부]를 터치하여 제목 배경으로 넣고, 본문에 아래와 같이 내용을 입력한 후 스티커를 넣기 위해 [스티커 ☺] 메뉴를 터치합니다.

03 마음에 드는 스티커를 터치하여 본문에 삽입하고, [정렬 ≡]을 한 번 터치하여 스티커를 가운데 정렬한 후 [등록]을 눌러 글을 발행합니다.

Plus Tip

모바일 앱에서의 정렬은 정렬 메뉴를 누를 때마다 가운데, 오른쪽, 왼쪽 정렬이 됩니다.

따라하기 05 위치 추가 및 서명 넣기

01 새로운 글을 쓰기 위해 글쓰기에 들어와 '♣ 명언모음 · 전체'를 터치한 다음, 발행 옵션에서 [자유게시판]을 터치하여 카테고리를 변경합니다.

02 발행 옵션의 '×'를 눌러 닫고 '죽도시장 맛집'으로 제목을 입력한 후 본문 영역에서 '위치 추가'를 터치합니다.

03 '장소 첨부'에 첨부할 장소명을 입력하고, 결과 중에서 가장 근접한 결과를 터치합니다.

04 위치가 추가되면 [사진 추가] 메뉴를 터치합니다. 사진 목록이 나타나면 발행할 글에 들어갈 사진을 골라 선택한 후, 하단의 [사진 편집] 메뉴를 터치하고 [서명]을 터치합니다.

05 텍스트로 서명을 입력하고, [완료 ✓]를 터치한 후 드래그하여 서명의 위치를 이미지 아래로 배치합니다.

06 본문 내용을 입력해서 글이 완성되면 [등록]을 눌러 발행합니다.

1) 내 블로그 앱에 들어와 보세요.

2) 네이버 블로그 앱에서 자유게시판 카테고리로 제목과 본문 내용을 입력하고, 갤러리에서 사진을 넣은 후 위치 추가를 해 보세요.

3) 마음에 드는 스티커를 본문에 넣어보세요.

4) 완성된 글을 발행해보세요.

이번 장에서는 네이버에서 초보자도 손쉽게 영상을 제작하고 편집할 수 있게 제공하고 있는 동영상 편집 에디터인 모먼트와 스마트폰의 갤러리에 있는 사진으로 쉽게 영상을 제작하는 방법을 알아보겠습니다.

핵심 내용

– 모먼트가 무엇인지 알아보고 모먼트를 제작해봅니다.
– 내 스마트폰 갤러리의 사진을 활용하여 동영상을 제작해봅니다.
– 제작한 동영상을 삽입하여 모바일로 글을 발행봅니다.

따라하기 01 모먼트 만들기

01 네이버 블로그 앱을 열어 [이웃새글 📖]에서 [만들기]를 터치한 후 사진 선택 화면으로 넘어가면 왼쪽 하단의 [사진선택 🖼]아이콘을 터치합니다.

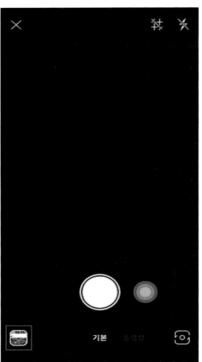

02 [최근 항목]이 나타나면 모먼트 영상으로 만들 사진을 5개 고른 다음 [확인]을 터치합니다. 다음 화면으로 넘어가면 [텍스트 T]를 터치합니다.

모먼트의 화면 구성

1. **정보 스티커** : 장소, 쇼핑, 링크, 책, 영화, 뉴스, 날씨, 내 블로그 글의 8가지 정보를 지정할 수 있습니다.
2. **텍스트** : 모먼트에 텍스트를 입력할 수 있습니다.
3. **그리기** : 모먼트에 직접 그림을 그릴 수 있습니다.
4. **동영상편집** : 동영상의 재생 시간을 설정할 수 있습니다.
5. **꾸미기** : 편집 중인 모먼트 영상의 스타일, 필터, 보정을 설정할 수 있습니다.

03 제목을 입력하고 [확인]을 터치한 후 손으로 드래그하여 제목을 이미지 위쪽으로 배치합니다. 동일한 방법으로 [텍스트 T]를 터치하여 내용을 입력하고 [확인]을 터치한 후, 손으로 드래그하여 사진 아래쪽으로 배치합니다.

04 하단의 사진 목록에서 두 번째 사진을 터치한 후 아래와 같이 내용을 입력합니다. 이어서 네 번째 사진을 터치한 후 [텍스트 T]를 터치하고 텍스트 스타일에서 원하는 스타일을 고른 다음, '금강산도 식후경'이라고 입력하고 [확인]을 터치합니다.

05 방금 입력한 글자를 사진의 위쪽으로 드래그하여 배치한 후 다섯 번째 사진을 터치하여 선택하고 내용을 입력합니다.

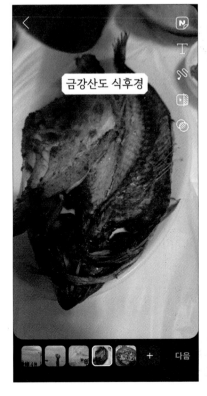

06 [확인]을 누른 후 손가락으로 드래그하여 위쪽으로 배치합니다. 다시 [텍스트] T 를 터치하여 '좋아'를 입력하고, 스마트폰에 있는 [이모티콘] 👌 을 넣어 입력한 다음, [확인]을 터치합니다.

07 손으로 드래그하여 아래쪽으로 배치한 후 첫 번째 사진을 터치하여 선택합니다. 이어서 [꾸미기] 🎨 메뉴를 터치한 후 [스타일] 메뉴를 터치합니다.

08 여러 스타일을 살펴보고 마음에 드는 스타일을 골라 선택합니다. 이어서 오른쪽 아래의 [적용]을 터치한 후 [확인]을 눌러 스타일을 적용합니다.

09 모먼트 영상 편집 화면으로 돌아오면 [다음]을 터치합니다. [#태그추가]를 터치하여 원하는 태그들을 입력한 후 [등록]을 터치합니다.

10 완성한 모먼트 영상이 블로그 앱에 등록됩니다. 만들어진 내 모먼트를 보려면 오른쪽 상단에 있는 [세 개의 선(MY)] 을 터치하여 [내 모먼트]에 들어가면 확인할 수 있습니다.

PlusTip

모먼트 영상 안에 내용은 10자 이상 입력되어야 등록됩니다.

01 스마트폰에서 [갤러리] 앱을 터치한 후 [앨범]–[카메라]를 터치합니다.

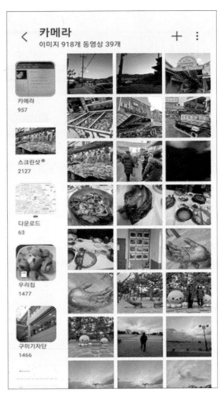

02 오른쪽 위의 점 세 개를 터치하여 나타나는 메뉴에서 [만들기]를 선택하면 하단에 새로운 메뉴가 나타나는데 그 중 [영화]를 터치합니다.

03 이미지에 선택할 수 있는 동그라미들이 생성되면 영상을 만들 사진을 고른 뒤 하단의 [영화]를 터치합니다. 영상 편집 화면으로 넘어가면 타이틀을 만들기 위해 하단의 사진 목록 중 첫 번째 사진을 선택한 다음, 텍스트 [편집] 📑 을 터치하여 타이틀 스타일을 고른 후 [편집] 🔤 을 터치합니다.

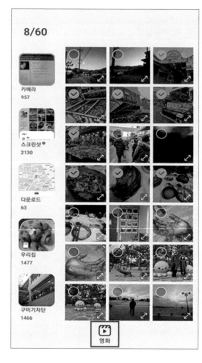
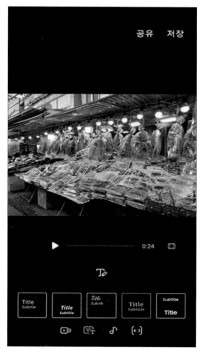

04 타이틀을 삽입할 수 있는 텍스트 박스가 생기면 타이틀 제목(타이틀)과 설명을 입력한 후 스마트폰 키보드에서 [완료]를 터치합니다.

PLUS TIP

마음에 들지 않는 사진이 있을 때는 사진을 두 번 터치합니다. 그러면 사진이 선택되면서 오른쪽 하단에 휴지통 아이콘도 생성됩니다. 버릴 사진을 휴지통 아이콘으로 드래그하면 사진이 삭제됩니다.

05 [배경음악 선택]에서 음악 제목을 터치하면 미리듣기를 할 수 있습니다. 마음에 드는 음악을 선택한 후 [배경음악 선택]의 왼쪽에 있는 '〈'을 터치하면 영상편집으로 돌아갑니다.

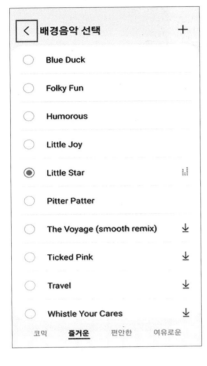

06 이번에는 [영상편집] ◙ 메뉴를 터치한 후 이미지와 이미지 사이에 있는 [전환효과] 선택 ▣ 아이콘을 터치한 후 여러 전환효과들을 눌러 미리보기 해봅니다. 그 중에 마음에 드는 전환효과를 터치한 후 전체에 터치해 전체 적용을 해줍니다.

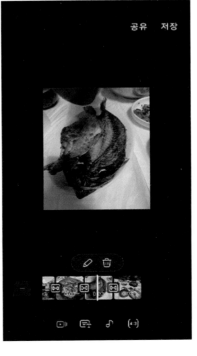

PlusTip
장면을 구성하는 프레임을 터치한 후 연필 모양 아이콘을 터치하면 자르기, 회전, 보정, 스티커 등을 삽입할 수 있습니다.

07 영상 제작이 완료되면 [저장]을 터치하며 영상 제작을 완료합니다.

08 완성된 영상은 갤러리에 자동으로 생성된 [비디오 에디터]에 저장됩니다.

따라하기 03 모바일로 블로그에 글 발행하기

01 블로그의 글쓰기 앱에 들어와 제목(포항 죽도시장)과 본문 내용을 입력한 후 사진을 터치하고, 재생시간이 나타나 있는 동영상 파일에 터치한 후 [동영상 편집]을 터치합니다.

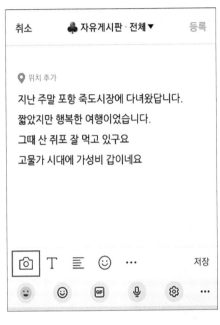 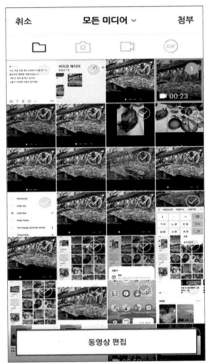

02 재생 버튼을 터치해 영상을 확인해보고 [완료]를 터치합니다. [동영상 정보]에 [동영상 대표 이미지], [제목], [정보]를 입력합니다.

03 [태그 편집]까지 한 후 [완료]를 눌러 동영상을 발행하려는 글에 삽입하고, [등록]을 눌러 모바일에서 글을 발행합니다.

1) 스마트폰에서 네이버 블로그 앱으로 들어가 모먼트 만들기를 터치한 다음, 갤러리에 있는 사진을 넣고 제목과 내용을 입력한 후 마음에 드는 스타일을 적용해보세요. 태그를 추가하고 모먼트를 발행해보세요.

2) 스마트폰에 있는 사진을 고르고 만들기에서 [영화]를 터치해보세요.

3) 사진들 간의 전환 효과를 '페이드' 적용해보세요.

4) 완성한 영상을 발행해보세요.

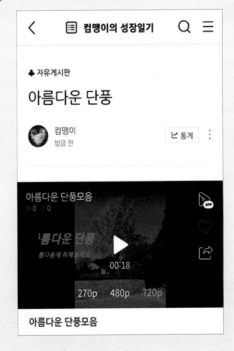

16 이웃관리 및
애드포스트 활용하기

이번 장에서는 이웃관리를 통해 블로그를 관리하고, 내 블로그로 수익을 낼 수 있는 애드포스트에 대해서 알아보도록 하겠습니다.

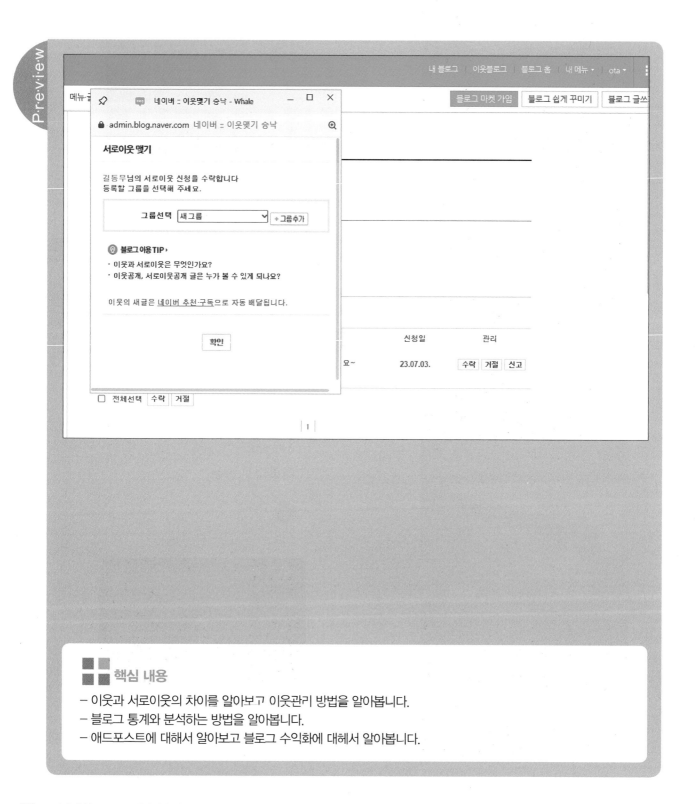

핵심 내용

- 이웃과 서로이웃의 차이를 알아보고 이웃관리 방법을 알아봅니다.
- 블로그 통계와 분석하는 방법을 알아봅니다.
- 애드포스트에 대해서 알아보고 블로그 수익화에 대헤서 알아봅니다.

01 내 블로그의 [blog 관리]로 들어간 후 [기본 설정]–[열린이웃]–[이웃·그룹 관리]를 클릭하여 '서로이웃 신청받기'를 [사용]으로 설정합니다.

PLUS TIP

'열린이웃'은 이웃과 서로 이웃의 목록을 보고 관리를 할 수 있는 곳입니다.

이웃 : 마음에 드는 블로그의 글을 즐겨찾기하는 개념으로 이웃한 블로거가 글을 올리면 볼 수 있습니다.

서로이웃 : 이웃과 달리 신청과 수락 절차를 통해 맺어지는 관계입니다. 이웃 관계에 따라 포스팅 공개 범위를 설정할 수 있기에 서로 관심이 있거나 믿을 수 있는 블로거들끼리 서로 이웃을 맺고 소통하게 됩니다.

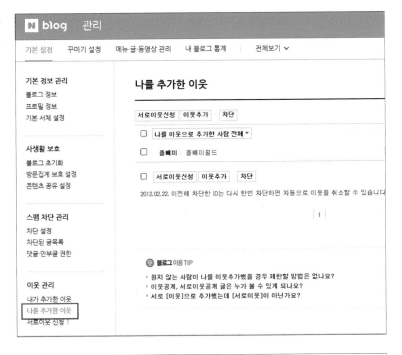

02 [나를 추가한 이웃]을 눌러 나를 이웃으로 추가한 블로거들을 살펴봅니다.

03 서로이웃 신청을 눌러 내게 서로 이웃을 신청한 블로거들의 현황을 살펴봅니다. 서로이웃 신청을 수락한 블로그가 운영을 실제로 하고 좋은 글을 올리는 블로거인지 살펴보려면 [신청한 사람]의 신청 블로거 아이디를 클릭합니다.

04 서로이웃을 신청한 블로그를 방문해 둘러보고 수락할지 거절할지 결정합니다.

PlusTip

단지 마케팅을 위해 블로그는 운영하지 않으면서 이웃의 수만 늘리는 블로그들도 있기에 서로이웃 신청 받으면 블로그를 둘러보면 좋습니다.

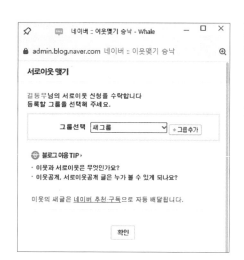

05 다시 [블로그 관리]로 들어와 서로이웃을 신청한 블로그가 마음에 들었다면 [관리]에서 [수락]을 눌러줍니다. [서로이웃 맺기] 창이 나타나면 [확인]을 클릭합니다.

06 서로 이웃 신청한 블로그를 확인하고 수락 작업을 마치면 열린 이웃 목록에서 사라집니다. 다른 블로그들을 둘러보기 위해 오른쪽 상단의 [블로그홈]을 클릭합니다.

01 블로그명을 알고 있다면 직접 블로그명을 검색해서 블로그를 방문할 수도 있습니다. 검색조건을 '블로그'로 한 다음, '올빼미간이역'을 입력하고 돋보기 아이콘을 클릭하거나 Enter 를 누릅니다.

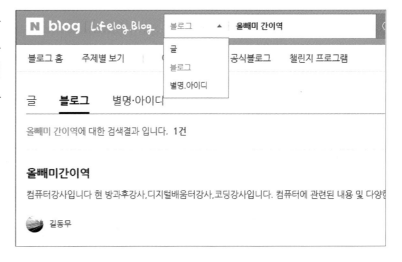

02 [검색조건]을 [글]로 바꾸고 Enter 를 누르면 검색한 블로그가 발행한 글을 포함한 관련 글들과 검색어를 키워드로 하는 다른 블로그의 글을 같이 볼 수 있습니다.

03 글 목록 중 관심가는 글의 제목을 클릭해 검색한 블로그의 해당 글로 방문한 뒤 글을 살펴보고 마음에 들면 [이웃추가]를 클릭합니다.

04 '서로이웃을 신청하였다'는 안내로 바뀌면 [닫기]를 클릭합니다. 이렇게 서로이웃 신청을 하면 신청한 블로거에게 알림으로 안내가 가고 해당 블로거가 서로이웃 신청을 수락하면 서로이웃 관계가 맺어집니다.

05 [블로그 홈]으로 돌아와 [내블로그]를 클릭해 내 블로그로 들어옵니다. [블로그 관리]-[스팸 차단 관리]를 클릭하고 '댓글·안부글' 권한을 설정 후 [확인]을 클릭합니다.

Plus Tip

> 이웃이 필요한 이유는 새 글을 발행했을 때 이웃 혹은 서로이웃에게 보여지고 공감과 댓글, 안부글들을 통해 소통할 수 있기 때문입니다. 글에 대한 반응을 가장 빠르게 즉각적으로 해주기에 블로그 글 발행에 대한 의욕을 높일 수 있습니다.

06 [서로 이웃 신청]의 [보낸신청]을 클릭해 내가 서로이웃 신청한 현황을 살펴봅니다.

01 [블로그 관리]–[내블로그 통계]를 클릭
합니다. 일간 현황을 비롯 방문 분석,
사용자분석, 동영상 분석, 순위 등 내블로그 현
황을 살펴볼 수 있습니다.

02 [내블로그 통계]에서 [사용자 분석]–
[유입분석]을 살펴보고 분석해봅니다.

애드포스트는 내 블로그에 광고를 게재하고 내 블로그를 방문한 네티즌들이 광고를 클릭하여 해당 사이트를 방문했을 때 발생하는 광고 수익을 배분받는 광고 매칭 및 수익 공유 서비스입니다.

01 [블로그 관리]에서 [전체보기]를 클릭한 후 [플러그인·연동관리]에서 [애드포스트 설정]을 클릭합니다.

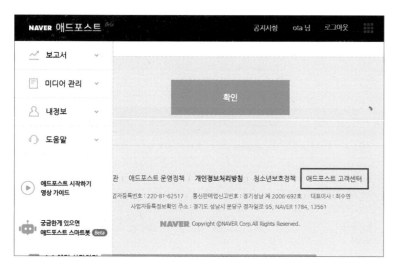

02 애드포스트는 일정 수준이 되어야 승인이 나기에 아직은 애드포스트 신청을 해도 승인을 받을 수 없으므로 하단의 애드포스터 고객센터를 클릭합니다.

P_{lus}T_{ip}

[NAVER 애드포스트]는 바로 수익을 받을 수 있는 것이 아니라 일정한 조건이 되어야 신청을 할 수 있고, 네이버에서 5일 정도의 검수를 한 후 승인을 받게 됩니다.

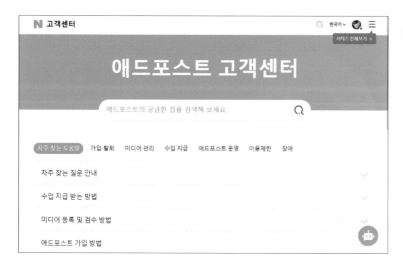

03 [애드포스터 고객센터]에서 애드포스트에 대해서 알아봅니다.

애드포스트의 승인 조건은 아래와 같습니다.

1. 블로그 개설 후 최소 90일 이상 경과 **2.** 전체 공개 포스팅 50개 이상 **3.** 일 방문자수 100명 이상

[애드포스트]의 수익은 블로그에서만 낼 수 있는 것이 아니라 네이버TV, 네이버에서 운영하는 [밴드페이지]에서도 미디어 등록을 해 놓으면 수익이 발생할 수 있습니다.

04 애드포스터가 승인되면 내 블로그 글에 광고가 게재됩니다.

05 [애드포스트]가 승인나면 광고를 내 블로그 어디에 배치할 것인지에 대한 [애드포스트 설정]을 할 수 있습니다.

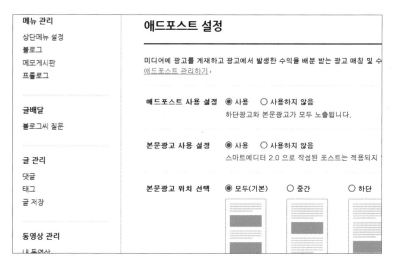

06 부지런하고 꾸준하게 양질의 글로 블로그를 잘 관리하면 매달 네이버에서 애드포스트 수익금을 지불받을 수 있습니다.

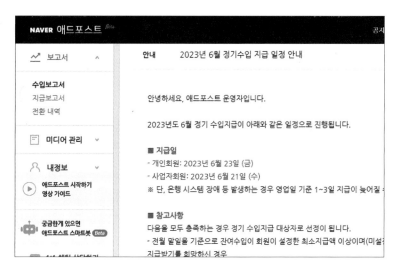

1

내 블로그의 블로그 관리에서 [블로그홈]으로 들어가 보세요.

2

[이달의 블로그]를 둘러보고 마음에 드는 블로그는 이웃 혹은 서로이웃 신청을 해보세요.

3

[챌린지 프로그램]에서 챌린지 프로그램에 도전하는 다른 블로그들을 둘러보세요.

1) 내 블로그에서 [블로그홈]으로 들어와 [주제별 보기]를 클릭 후 관심 있는 주제의 블로그들을 살펴보고 이웃추가를 해보세요.

2) [내블로그 통계]에서 일간 게시글 조회수 현황을 살펴보고 분석해보세요.

3) [내블로그 통계]에서 [블로그 평균 데이터]를 확인해보세요.

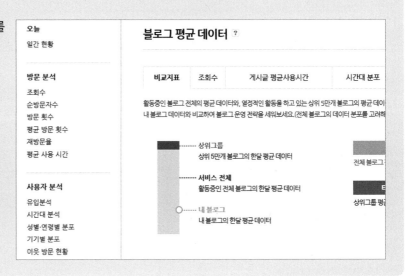

I · T · 워 · 크 · 북 · 시 · 리 · 즈

BLOG

원리 쏙쏙 IT 실전 워크북 ㉛
나만의 블로그로 크리에이터 되기

2023년 09월 20일 초판 인쇄
2023년 09월 30일 초판 발행

펴낸이 | 김정철
펴낸곳 | 아티오
지은이 | 신정숙
마케팅 | 강원경
편 집 | 이효정
전 화 | 031-983-4092~3
팩 스 | 031-696-5780
등 록 | 2013년 2월 22일
정 가 | 15,000원
주 소 | 경기도 고양시 일산동구 호수로 336 (브라운스톤, 백석동)
홈페이지 | http://www.atio.co.kr

◐ 실습 파일 받아보기

– 예제 소스는 아티오(www.atio.co.kr) 홈페이지의 [IT/기술 도서] – [자료실]에서 다운받으시면 됩니다.